<u>AU BUREAU AUSSI</u> :

100 RÈGLES DE LA COURTOISIE ET DU SAVOIR-VIVRE

PRÉFACE

Nous sommes nombreux à passer la majorité de notre temps au sein de l'entreprise. Nombreux aussi à nous plaindre de l'impolitesse de nos collaborateurs. Et vous-même, êtes-vous absolument certain d'être parfait ? Rassurez-vous, tout le monde fait des erreurs, même les meilleurs ! La pression, le télétravail, la promiscuité, les tensions, nous mettent, il est vrai, à l'épreuve. Pourtant, dans la vie privée comme dans la vie professionnelle, il est indispensable de connaître les codes du savoir-vivre. On vous le promet, votre quotidien au bureau en sera largement facilité. Certaines de ces règles sont élémentaires : la principale étant le respect, celui que vous devez à tous, sans aucune exception. Mais aussi votre manière de communiquer agréablement avec les autres, d'envoyer des e-mails aussi professionnels que courtois, de remédier aux inconvénients de l'open space, d'inviter un client sans jamais commettre de fautes de goût. Rien de plus facile, si vous y mettez du vôtre et suivez ces quelques conseils… bien plus précieux qu'ils n'y paraissent.

Laurence Caracalla

1. LE PREMIER JOUR…

L'ENTREPRISE C'EST UNE HISTOIRE…

UN ENTRETIEN ÇA SE PRÉPARE…

LA POLITESSE DES ROIS

RÉSEAUX SOCIAUX : DANGER !

SOIGNER SON APPARENCE

ET SI ON PARLAIT D'ARGENT ?

SE MÉFIER DES CLANS

RESTONS POLIS

JE PEUX ME JOINDRE À VOUS ?

POURQUOI ? COMMENT ? QUI ?

COMMENT SE DIRE AU REVOIR ?

AVEC MA RECONNAISSANCE

LA CULTURE D'ENTREPRISE

JE SUIS, J'AI FAIT, JE SERAI

TU… EUH… VOUS ?

À L'AIDE !

L'ENTREPRISE C'EST UNE HISTOIRE...

Savoir où vous allez mettre les pieds est essentiel avant de vous rendre à un entretien d'embauche. Pour vous bien sûr : l'entreprise correspond-elle à vos valeurs ? Le poste à pourvoir est-il intéressant ? Mais plus que tout, le recruteur vous posera des questions sur l'histoire de la société. Il serait malavisé de penser arriver à ce rendez-vous les mains dans les poches. Vous devez en amont vous informer sur l'histoire de l'entreprise, prouver votre motivation et, par là même, faire preuve de courtoisie. Oui, il est de bon ton d'aller à un rendez-vous en montrant votre intérêt pour la société qui vous recrutera peut-être. Il est très facile de se renseigner sur l'histoire d'une entreprise, ses hauts et ses bas, grâce à Internet. Vous y trouverez des indications essentielles : l'âge de la société, le nom de son PDG, ses filiales, le nombre d'employés, etc. Si vous connaissez personnellement un salarié de l'entreprise, questionnez-le, il vous dira ce qu'il est important de savoir. Ainsi, le recruteur sera face à un candidat curieux et énergique. Et lorsqu'il vous demandera : *« Pourquoi vous intéressez-vous à notre société ? »,* vous n'aurez pas la moindre hésitation et aurez tous les arguments pour lui répondre.

UN ENTRETIEN ÇA SE PRÉPARE…

L'adage est connu : *« Vous n'aurez pas deux fois l'occasion de faire une première bonne impression. »* Il va vous falloir immédiatement renvoyer la meilleure des images. Facile, vous êtes un être civilisé. Et c'est le moment ou jamais de prouver que vous êtes l'employé idéal. En amont, vous avez préparé les questions que vous devrez poser, on a vu que vous connaissez l'entreprise et son histoire, mais la timidité, l'inquiétude devant ce genre de face-à-face, peut anéantir votre capacité à vous montrer sous votre meilleur jour. Et si vous vous entraîniez avant le jour J ? La veille, allez courir, dépensez-vous, contrôlez votre respiration. Exercez-vous à parler naturellement, pas trop vite, ce serait la preuve de votre nervosité, pas trop lentement, on pourrait vous imaginer nonchalant, à la manière dont vous saluerez, dont vous remerciez votre interlocuteur. Ne croyez surtout pas que ces marques de bienséance n'ont rien à faire là. Bien au contraire. Attendez-vous à toutes les éventualités : la personne qui va vous recevoir déversera peut-être un flot de paroles, souvenez-vous de ne jamais l'interrompre, et si, par contre, un silence s'installe, tentez de le combler en posant une question. Le recruteur est là pour vous tester, à vous de lui prouver votre valeur en répondant avec naturel, courtoisie et mots choisis.

La politesse des rois

C'est la pire des situations : arriver en retard à un entretien. Non seulement on ne fait pas attendre un interlocuteur qui prend la peine de vous recevoir mais, nous le savons tous : *« L'exactitude est la politesse des rois. »* Vous renverriez alors la pire des images, un désinvolte qui traite ce rendez-vous par-dessus la jambe. Quand vous connaissez l'adresse à laquelle vous devez vous rendre, calculez le temps qu'il vous faudra pour arriver à destination en jettant un simple coup d'œil sur certaines applications, et partez au moins un quart d'heure plus tôt. Mieux vaut être en avance et faire le tour du pâté de maison plutôt que d'arriver en courant, hirsute, avec vingt minutes de retard. Et puis marcher un peu avant un entretien est recommandé ! Surtout si vous êtes stressé ! Être en retard est un évident manque de respect, un manquement rédhibitoire pour un futur employé. Si, malgré toutes vos précautions, un métro qui s'arrête entre deux stations, une voiture qui tombe en panne, vous savez que vous n'arriverez pas à temps, appelez immédiatement l'entreprise, ne vous lancez pas dans une explication sans fin, mais dites la simple vérité, et n'ajoutez jamais : *« Je m'excuse »,* mais bien *« Je suis navré, veuillez m'excuser. »* Rien alors n'est peut-être perdu !

ARO
ROPE

RÉSEAUX SOCIAUX : DANGER !

Rares sont les individus qui, aujourd'hui, n'utilisent pas les réseaux sociaux. Certains vous seront utiles puisqu'il s'agit de plates-formes dont la mission est justement de vous mettre en relation avec des professionnels, de trouver des éléments importants sur les entreprises et d'aider au recrutement. D'autres réseaux sociaux n'ont pas cette vocation ! Vous pouvez y poster vos photos privées, vos commentaires sur un événement quel qu'il soit. C'est là que le bât blesse. Un recruteur aura peut-être la tentation de vous googliser pour simplement voir votre tête ou chercher ce qui vous anime au quotidien. Pensez-y avant d'aller à un entretien d'embauche ! Si vous aimez Twitter, pensez à la forme autant qu'au fond. Attention aux fautes d'orthographe, elles sont toujours mal vues par les employeurs. Quant à vos idées, politiques ou religieuses, elles peuvent être un frein. Supprimez donc tous les tweets qui indiquent trop clairement vos positions sur des sujets sensibles. Attention aussi aux photos inappropriées. Sur Instagram ou sur Facebook, vous pouvez paramétrer la confidentialité de vos posts afin de paraître le jour J comme la personne sérieuse et bien élevée que vous êtes !

SOIGNER SON APPARENCE

Il paraît loin le temps où il était impossible de se présenter au bureau sans costume ni cravate ! Autre temps, autres mœurs sans doute. Mais attention, lors d'un entretien, l'apparence compte toujours autant. Et même si votre tenue est plus décontractée, n'oubliez pas l'essentiel : soyez impeccable ! Rasé de près pour les hommes (ou barbe bien coupée), cheveux bien ordonnés et maquillage léger pour les femmes. Le diable est dans les détails : pensez à nettoyer vos lunettes, à cirer vos chaussures (vous vous passerez pour une fois de vos baskets), évitez les chaussettes blanches avec un costume si vous décidez d'en porter un. On ne vous demandera pas d'être au comble de l'élégance, simplement d'être net. Pas de cheveux gras, pas d'odeur de transpiration, pas de parfum trop puissant non plus ! Le dernier accessoire, et sans doute le plus important, le sourire. On l'oublie trop souvent : il est obligatoire ! Pensez aussi à votre haleine et évitez de manger des escargots de Bourgogne la veille de l'entretien. Reste les mains moites, l'anxiété malheureusement provoque ce genre de désagrément. Vous ne pourrez pas y faire grand-chose. En tout cas, quoi qu'il arrive, ne dites pas à votre recruteur « Désolé, j'ai les mains moites ». Ne dites rien, c'est mieux !

ET SI ON PARLAIT D'ARGENT ?

Le recruteur n'est pas naïf, vous ne l'êtes pas non plus. Il va falloir parler d'argent, c'est aussi le nerf de la guerre. Or c'est un sujet sensible, en tout cas chez nous. La décontraction des Américains pour parler dollars n'est pas notre fort. Vous ne serez pas impoli, encore moins insolent, quand vous exprimerez vos désirs en matière de rémunération. Préparez-vous à l'avance et lorsque vous entendrez la fameuse question : *« Quelles sont vos prétentions ? »,* vous pourrez répondre du tac au tac sans prononcer le très maladroit *« Je ne sais pas »*. Eh bien si, vous devez le savoir et en parler avec honnêteté et sérénité. Évidemment, ce sujet délicat sera abordé par votre interlocuteur, attendez qu'il s'exprime sur le sujet. Ne l'interrogez pas sur votre salaire à peine arrivé. Il imaginera que seul l'argent vous intéresse, pas le poste. L'affaire commencerait mal. Vous devez évidemment savoir à quelque chose près la tranche de salaire correspondant à votre job. Ne mentez pas non plus sur vos précédentes rémunérations, d'abord vous pourriez bien, sous le coup de l'émotion, vous embrouillez dans votre discours et puis ce n'est pas très honnête. Dites la vérité, annoncez la couleur, le recruteur vous en saura gré de ne pas y aller par quatre chemins.

RESTONS POLIS

Imaginez : un salarié des plus compétents, une bête de travail qui ne salue personne, ne sourit jamais, et aboie plus souvent qu'il ne parle. Bref, c'est un malotru. Doué mais grossier. Quelle image pour la société qui l'emploie ! Lorsque vous arrivez à votre entretien, n'oubliez pas de faire l'exact contraire. Voici les règles essentielles à apprendre par cœur : vous saluerez poliment l'hôtesse d'accueil et la remercierez tout aussi poliment quand elle vous indiquera l'étage auquel vous devez vous rendre. Si vous attendez plus longtemps que prévu, vous ne montrerez jamais votre agacement. En entrant dans le bureau de votre recruteur, vous sourirez en lui serrant la main et en le regardant droit dans les yeux, pas ailleurs. Vous attendrez qu'il vous propose de vous asseoir avant de vous installer en face de lui. Et, s'il entre dans le bureau après vous, vous vous lèverez immédiatement à son arrivée. Si vous ne le connaissez pas, vous l'appellerez Monsieur ou Madame, mais cela va de soi. Enfin, vous ne mâcherez pas de chewing-gum et éteindrez votre portable. Pour finir, l'attitude : vous vous tiendrez droit comme un i, et surtout pas affaler sur votre fauteuil. En partant, n'oubliez pas de remercier chaleureusement votre interlocuteur pour le temps qu'il vous a accordé. Votre réputation sera alors (presque) faite !

POURQUOI ? COMMENT ? QUI ?

Souvenez-vous que cet entretien est peut-être le début d'une grande aventure professionnelle. C'est pourquoi il n'est pas du tout inconvenant de poser des questions à votre interlocuteur. Au contraire, ce dernier sera même heureux de vous éclairer sur certains points. Ne soyez pas timide et lancez-vous. Demandez des précisions sur votre futur travail, ce qu'on attend de vous, les qualités indispensables pour faire au mieux, si c'est une création de poste. Montrez-vous poli en n'accaparant pas la conversation. Laissez le recruteur répondre sans l'interrompre, même si vous avez compris là où il voulait en venir. Il vous faut sortir de cet entretien en ayant parfaitement compris les problèmes que vous aurez à résoudre, les difficultés à affronter. Serez-vous capable de faire front ? D'autres questions ne doivent jamais être posées au cours d'un premier entretien sous peine de passer pour un tire-au-flanc : vous ne demanderez donc pas ce jour-là s'il est possible de prendre des vacances en juillet car vous avez déjà acheté vos billets de train, si vous pouvez choisir vos dates de RTT, si vous pouvez partir plus tôt le mercredi pour vous occuper des enfants. Tout cela viendra après et sera examiné, rassurez-vous !

COMMENT SE DIRE AU REVOIR ?

C'est terminé. Votre entretien s'est bien passé… ou pas ! Quelle que soit votre impression, sachez partir avec élégance. Attendez que votre interlocuteur se soit levé pour faire de même. Saluez-le chaleureusement même si votre rendez-vous a été un peu tendu. Ne traînez pas, s'il vous montre le chemin vers la sortie c'est que la conversation est définitivement close. Avant de partir, n'oubliez pas de le remercier. Il a pris du temps pour vous recevoir, pour discuter du poste à pourvoir et, même si lui aussi a peut-être besoin de vous, il est celui qui décidera de votre avenir. Au moment de quitter les lieux, ne lui rappelez pas ce qu'il vous a dit précédemment, n'ajoutez pas non plus de nouvelles informations au dernier moment. Vous voulez avoir l'air décontracté ? C'est très bien, mais certes pas une raison pour lui dire comme vous trouvez son costume des plus chics ou pour faire un commentaire sur la photo de ses adorables enfants. Ne confondez pas politesse avec flagornerie. Sachez que ce recruteur connaît tous les pièges, il a rencontré des dizaines de candidats dans sa vie et il sait reconnaître compliments sincères et éloges affectés. Soyez vous-même jusqu'au bout : sincère, poli, avec juste ce qu'il faut de retenu pour paraître à la fois sympathique et sérieux.

AVEC MA RECONNAISSANCE

Vous croyez toutes les étapes enfin franchies ? Détrompez-vous ! Le lendemain de votre entretien, il va vous falloir écrire un mail de remerciement. Sachez que les recruteurs sont très sensibles à ce genre d'attention. Vous prouverez non seulement votre savoir-vivre mais aussi votre intérêt pour le poste. Le message ne doit pas être trop long – plus de 20 lignes et soyez sûr qu'il ne le lira pas en entier –, ni trop court : pas de « encore merci et à bientôt ». Trouvez le moyen en quelques mots d'exprimer votre gratitude d'avoir été reçu, insistez sur le temps qu'il vous a consacré (sauf bien sûr si l'entretien a duré cinq minutes !), ajoutez une fois encore combien vous seriez heureux d'entrer dans l'entreprise et comme vous avez apprécié vos échanges. Commencez votre missive par Madame (ou Monsieur), évitez de débuter votre mail par « je » ni par « suite à » et finissez-la par ces mots « veuillez recevoir, Madame, (Monsieur) l'assurance de mes sincères salutations ». Pensez aux fautes d'orthographe. Lisez, relisez, faites la relire par d'autres, avant de l'envoyer. Ce serait dommage d'échouer si prêt du but pour un mauvais accord. Ne tardez pas : ce message n'aura aucun intérêt si le recruteur le reçoit une semaine après l'entretien. Il faut qu'il soit lu le lendemain même, au plus tard le surlendemain, du rendez-vous.

LA CULTURE D'ENTREPRISE

Votre entreprise a une histoire et vous devez la connaître. Mais vous devez aussi comprendre son esprit, sa manière de fonctionner afin de travailler avec les autres en bonne intelligence. Votre goût pour le savoir-vivre vous sera alors très utile : vous ne vous mettrez pas en avant, vous ne déciderez pas de révolutionner votre service dès les premiers jours. Vous allez être observé – vos collègues voudront savoir qui vous êtes –, vous devez à votre tour observer les autres, leurs attitudes, leur façon de travailler. Chaque entreprise est différente, les employés ne fonctionnent pas tous de la même manière et c'est à vous de vous plier à leurs règles. Votre instinct vous conduira sans doute à adopter un certain comportement mais s'il vous fait défaut, la meilleure conduite est de faire preuve d'humilité et de curiosité. Si vous fourmillez d'idées, demandez-vous toujours si vos desseins « collent » à l'esprit de l'entreprise : ne sont-ils pas trop percutants ? Vous constaterez peut-être que vos collègues discutent ensemble de leurs projets, faites de même, ne restez pas dans votre coin. Écouter attentivement ce qui se passe autour de vous, questionnez vos collaborateurs, demandez-leur leur avis, interrogez-les sur la hiérarchie. Vous comprendrez alors l'esprit de l'entreprise et votre arrivée s'en trouvera facilitée.

JE SUIS, J'AI FAIT, JE SERAI

Vous voici enfin arriver dans l'entreprise. C'est un peu comme la rentrée des classes dans un nouveau lycée. Les employés vont vous observer, se demander quelle est cette nouvelle tête. Si personne ne vous présente aux autres, prenez l'initiative. Il faut dès le premier jour que vous vous fassiez connaître du plus grand nombre. Aussi, n'hésitez pas à saluer tous ceux que vous croiserez sur votre route. Si quelques-uns prennent le temps de vous serrez la main, donnez votre prénom puis votre nom (et pas seulement votre prénom, vous n'êtes pas dans un club de vacances), le poste que vous allez dorénavant occuper et insistez sur le fait que vous êtes ravi d'intégrer la société. Si vous pensez pouvoir poursuivre la conversation sans déranger votre interlocuteur, posez-lui quelques questions sur son service, racontez-lui vos expériences précédentes et peut-être vous proposera-t-il de déjeuner avec lui au restaurant d'entreprise. Acceptez immédiatement ! Le but est de vous intégrer rapidement parmi ces employés que vous ne connaissez pas encore. On l'a déjà répété : souriez, renvoyez une image sympathique et affable. Même chose lorsque vous intégrez une équipe : dites bonjour à tout le monde, sans exception, du stagiaire au directeur. La politesse ne connaît pas la hiérarchie.

TU... EUH... VOUS ?

Quelle chance ont les Anglo-Saxons ! Pour eux, la question, ô combien embarrassante, du tutoiement ne se pose pas ! En revanche, dans les entreprises françaises, c'est un véritable problème sur lequel il faut se pencher. Commencez par vouvoyer tout le monde, c'est plus sûr. Peu à peu, certains collègues vous demanderont de passer au « tu », l'affaire sera réglée ! D'autres seront plus à l'aise avec le vouvoiement, ne leur forcez pas la main. Si vous demandez à un stagiaire de trente ans de moins que vous de vous tutoyer, il y a fort à parier qu'il n'y arrivera pas. C'est une question d'éducation, de respect pour les plus âgés, rien à voir avec votre personnalité ! Dans certaines sociétés, tout le monde se tutoie, dans d'autres, il n'en est pas question. C'est ce qu'on appelle la culture de l'entreprise et vous allez devoir vous plier aux règles. Acceptez-les sans rechigner. N'oubliez jamais que tutoyer son patron, s'il vous l'a demandé, n'a rien à voir avec le respect que vous lui devez (et qu'il vous doit). Dire « tu » en entreprise n'est pas synonyme de « copinage », seulement un moyen de travailler ensemble de manière sympathique et épanouissante. Rien de plus.

SE MÉFIER DES CLANS

Une attitude qui ne passe pas, un dossier refusé à l'un et donné à l'autre, un manque d'affinités tout simplement et très vite peuvent se former des clans au sein même de l'entreprise. Dès vos premiers jours, vous entendrez peut-être : *« Méfie-toi de Durand, il n'est pas fiable. », « Dupond a l'air sympa comme ça, mais ne lui fais pas confiance. »,* toutes ces petites phrases perfides, destinées quelquefois à vous embrigader dans un camp plutôt qu'un autre. Ce serait une bien mauvaise stratégie de débuter dans une entreprise en vous mettant à dos des employés que vous ne connaissez pas ou à peine. Vous ne devez pas répondre à ces médisances, à quoi bon, ne jamais prêter attention à ces remarques. Préférez suivre votre propre instinct et travailler en bonne intelligence avec tout le monde. En tous les cas, c'est à vous de décider si Durand est sournois ou Durand un tire-au-flanc. Soyez au-dessus de la mêlée, agréable et serviable avec vos différents collègues, et si décidément Durand et Dupond sont insupportables, ne le claironnez pas sur les toits. Gardez cette information pour vous et préférez passer du temps avec tous ceux qui n'ont que faire de ces alliances de cours de récréation.

À L'AIDE !

Il n'y a aucune honte à ça : vous ne savez comment fonctionne l'imprimante, vous ne retrouvez pas un dossier important, vous êtes perdu dans ces couloirs labyrinthiques ? Qu'à cela ne tienne : demandez de l'aide ! Et, bien sûr, vous ne vous départirez jamais de votre sourire et de votre politesse pour interroger ceux qui savent ! C'est-à-dire la jeune stagiaire qui passe son temps à la photocopieuse et qui se fera un plaisir de vous montrer son fonctionnement ou ce collègue qui vous raccompagnera jusqu'au bureau 404, jusqu'ici introuvable. Préférez questionner les autres plutôt que de perdre du temps. Et n'oubliez jamais de remercier chaleureusement ceux qui vous ont donné un coup de main. Vous aurez sans doute d'autres occasions de leur demander de l'aide, et, votre gentillesse aidant, ils le feront avec plaisir. C'est aussi un bon moyen de s'intégrer, de rencontrer de nouvelles têtes et pourquoi pas de parler un peu de l'entreprise et de ses aléas. Plus tard, si c'est à vous de venir à la rescousse d'une personne un peu perdue, et même si vous êtes pressé, prenez toujours le temps de lui expliquer ce qu'elle doit savoir sans arrogance ni impatience, bien sûr. Souvenez-vous que vous êtes un jour passé par là !

JE PEUX ME JOINDRE À VOUS ?

La politesse, la courtoisie, ne suffisent pas toujours. En tous les cas, vos efforts seront vains si vous ne vous mêlez pas aux autres. La vie en entreprise, c'est un peu une vie en communauté. On ne peut pas travailler harmonieusement si on n'adresse pas la parole à ses collègues. Afin d'être intégré au plus vite, participez aux conversations dans les couloirs, devant la machine à café ou au restaurant d'entreprise. Si vous ne savez pas encore très bien quoi dire, si vous ne comprenez pas toujours de quoi il est question, interrogez vos collègues et, même si le sujet ne vous captive pas plus que ça, faites semblant d'être intéressé ! Si au contraire, la conversation est passionnante, ne monopolisez pas la parole, demandez aux autres ce qu'ils en pensent, et profitez de l'occasion pour glaner ici ou là quelques informations qui pourraient vous être utiles. Ne tentez pas de faire rire à tout prix : vous ne connaissez rien de l'humour de vos collègues et une blague un peu osée pourrait bien heurter la sensibilité de quelques-uns. C'est un peu tôt aussi pour raconter votre vie mais dévoiler votre passion pour la voile (si vous ne parlez pas que de ça) pourrait créer des liens avec d'autres émules. Soyez naturel, attentif, souriant, curieux… et votre intégration se passera au mieux.

2.
MOI ET MON BUREAU

ON PARTAGE ?

SÉVÈRE... MAIS JUSTE

C'EST TOI LE MEILLEUR

AU CORDEAU

LES BONNES BLAGUES

PROXIMITÉ
OU FAMILIARITÉ ?

POUR MOI TOUT SEUL !

ET BLA-BLA-BLA...

BRAS DROIT

COMME UN SOU NEUF

JE TE DÉRANGE ?

PATCHOULI

OUVERT À TOUS

LE "ROOKIE"

LE E-MAIL
ET SES CONTRAINTES

BIENVENU PARMI NOUS

LES MOTS MAGIQUES

ZÉRO FAUTE

SIR, YES SIR

MDR, LOL,DSL

VEUILLEZ CROIRE,
MADAME...

ON PARTAGE ?

C'est une organisation qui a le vent en poupe depuis la crise sanitaire et la généralisation du télétravail. Le bureau flexible ou « flex office » vous permet de passer d'un bureau à un autre sans avoir de poste attitré. Les salariés partagent donc l'endroit et c'est justement le mot « partage » qui prend ici toute sa dimension. Vous savez que quelques heures ou quelques jours après vous, un collègue s'assiéra à votre place : vous devez donc ne laisser aucune trace de votre passage. Évidemment, on ne personnalise pas l'endroit ! Et on laisse le lieu immaculé ! Si, par malheur, l'ordinateur ne fonctionne pas, le téléphone est en panne, avertissez le service technique plutôt que, l'air de rien, vous vous installez ailleurs. Ne faites pas des pieds et des mains pour systématiquement choisir le même bureau, même s'il est près de la fenêtre, même s'il est plus agréable ! C'est le système du « premier arrivé, premier servi », que cela vous plaise ou non. Profitez plutôt de ces multiples changements pour faire connaissance avec ceux que vous n'avez encore jamais rencontré. Ce système de bureau flexible est censé permettre une meilleure communication dans l'entreprise. Aussi, même si vous êtes surchargé de travail, prenez le temps d'écouter, de répondre, d'aider pourquoi pas, un collègue en difficulté.

AU CORDEAU

Souvenez-vous : votre bureau vous ressemble. S'il est désordonné, si des dossiers sont empilés à peu près partout du sol au plafond, si vous les avez accumulés sur votre siège invité de telle sorte qu'on ne peut pas s'y asseoir, vous renverrez une image négligée, confuse, voire désinvolte. Pire, vos interlocuteurs auront la désagréable sensation que leur visite vous dérange. Si, au contraire, la pièce est impeccable, vous montrerez non seulement votre sens de l'organisation, mais votre respect pour autrui (et pour vous-même). N'entassez pas ces journaux qui ne vous servent plus à rien, jetez ! Et ne mêlez pas documents professionnels et privés. Vous gagnerez un temps fou en sachant précisément où chaque chose est disposée. Un temps que vous pourrez consacrer à autre chose. N'oubliez pas que vous ne travaillez pas seul : si vous avez la chance d'avoir un assistant, il faut qu'il puisse trouver rapidement une information importante quand vous n'êtes pas là. Là aussi, c'est la moindre des courtoisies. Et puis, faite place nette avant de partir, n'oubliez pas que des agents d'entretien passeront derrière vous et que vous ne leur facilitez pas la tâche. C'est une simple question de respect, ils ne sont pas là uniquement pour vous, d'autres bureaux les attendent.

POUR MOI TOUT SEUL !

Vous avez la chance de travailler seul dans un bureau ? Profitez-en ! Vous ne serez pas dérangé par les autres et on sait que beaucoup préfèrent de loin cette configuration. Lorsque vous recevez un client ou un confrère dans votre bureau, vous devez être tout à lui. Ce qui veut dire à l'écoute. Vous ne répondrez donc pas aux appels, mais éteindrez votre téléphone portable. Vous ne jetterez pas non plus un œil à l'écran de votre ordinateur, et cela même si vous attendez un e-mail de la plus haute importance. Pour vous y aider, éteignez-le, ou tournez-le vers un mur pour ne pas être tenté. Rien de plus détestable que ces gens qui font mine de vous écouter et ont l'esprit ailleurs. Accueillez en souriant vos interlocuteurs dans votre antre et proposez-leur un siège sans attendre. Petite astuce pour mettre vos visiteurs à l'aise, si vous les sentez trop impressionnés par cette rencontre : au lieu de vous asseoir en face d'eux, installez-vous à leurs côtés, de l'autre côté de votre bureau. Effet garanti ! En roi de la communication, vous pouvez laisser votre porte ouverte : vos confrères n'hésiteront pas à venir vous poser une question. Refermez-la pour vous isoler si vous en avez besoin. Tout le monde comprendra que ce n'est pas le moment de vous solliciter…

BRAS DROIT

Si jamais l'information vous avait échappé, nous vous rappelons qu'un assistant n'est pas un homme à tout faire. Il est fini le temps où il n'était bon qu'à vous apporter votre café, répondre au téléphone, aller chercher votre chemise chez le teinturier et organisez vos rendez-vous privés. Pour qu'un assistant soit un parfait collaborateur, il faut le respecter. Le saluer aimablement bien sûr, et bien entendu, prendre de ses nouvelles. Mais, et c'est important, il faut le tenir au courant de vos nouveaux dossiers, lui montrer, et parfois lui dire, qu'il vous est tout à fait indispensable. Bien sûr, un assistant fait souvent les tâches que vous n'avez pas envie de faire, il est aussi là pour vous décharger des petites complications du quotidien. Il le sait parfaitement et ne vous en tiendra pas rigueur, c'est son travail ! Mais il est correct de penser à toujours le remercier pour l'aide qu'il vous fournit. Prenez le temps chaque jour, même pour quelques minutes, de faire un point avec lui et écoutez ses doléances s'il en a. Une certaine complicité s'installera évidemment entre vous. Attention qu'elle ne se transforme pas en connivence trop affective. Entre être trop aimable avec celui ou celle qui vous seconde et le traiter tel Meryl Streep dans *Le diable s'habille en Prada*, il y a un juste milieu !

JE TE DÉRANGE ?

C'est le lot de tous les travailleurs ! Concentré sur un dossier important, un importun vient vous demander un renseignement. Ce n'est vraiment pas le bon moment. Pourtant, vous devez répondre, sans jamais prendre un air exaspéré, encore moins irrité. En revanche, vous pouvez tout à fait expliquer aimablement à ce collaborateur que vous êtes actuellement occupé et que, dès la tâche terminée, vous vous ferez un plaisir de l'aider. Cette façon de faire demande de la patience, du sang froid et un certain savoir-vivre. Trois grandes qualités qu'on a trop souvent tendance à oublier dans sa vie professionnelle. Autre situation pénible : vous êtes au téléphone quand on entre dans votre bureau. Le déplaisant s'excuse à peine, reste debout, devant vous, attendant la fin de l'appel. Là encore, vous devez garder votre calme, interrompre deux secondes votre conversation et faire signe en souriant et par gestes que vous le recevrez plus tard. La pression, le poids des responsabilités, une urgence, obligent parfois à déranger les autres. Vous le savez bien et devrez accepter cette attitude parfois déplaisante surtout si votre interlocuteur a la bonne idée de s'excuser platement et d'en venir rapidement aux faits.

OUVERT À TOUS

L'open space a ses détracteurs et ses partisans. Meilleure fluidité, sensation d'espace pour les uns, manque d'intimité et de quiétude pour les autres. Pour que tout se passe au mieux, souvenez-vous de ces quelques règles de savoir-vivre qui vous seront très utiles quand, en fin de journée, vous avez eu l'impression d'avoir vécu l'enfer. *« Ne faites pas aux autres ce que vous n'aimeriez pas qu'on vous fasse »,* adage connu et, dans ce cas particulier, essentiel. Ne parlez pas trop fort au téléphone, on n'entend que vous et vous déconcentrez tout le monde. Ne gigotez pas sans cesse sur votre fauteuil, surtout s'il grince. Ne portez pas ou enlever vos bracelets trop lourds qui se heurtent chaque fois contre le bureau et font un bruit du tonnerre. Ne mangez pas sur place votre sandwich au thon ou tout le monde profitera de son odeur désagréable. Enfin, et c'est peut-être le plus important, n'épiez pas les autres. Vous n'avez pas à savoir et encore moins à commenter, les faits et gestes de vos voisins. Pas de réflexions sur les appels personnels, pas de coups d'œil sur les écrans alentour, on ne regarde pas non plus sa montre quand l'un de vos collègues part un peu plus tôt que prévu. Bref, vous l'avez compris, l'open space sera un agréable espace de travail si chacun y met du sien !

BIENVENU PARMI NOUS

Souvenez-vous de vos débuts, de votre tout premier jour dans l'entreprise. De vos craintes devant ce grand pas dans l'inconnu ! Rappelez-vous aussi de ce nouveau collègue qui vous a fait rencontrer tout le service et vous a encouragé à venir le voir si vous aviez une question. De l'eau a coulé sous les ponts mais vous ne l'avez pas oublié. Tant mieux car vous allez reproduire la même attitude ! Quand un nouveau venu arrive dans l'entreprise, soyez l'un de ceux qui le saluent aimablement, qui lui souhaitent la bienvenue et le questionnent sur ses antécédents. Ne l'abreuvez pas d'informations, il risquerait d'être un peu perdu, dites-lui l'essentiel. Qui fait quoi, où se trouve la salle de réunion. Ne vous moquez pas devant lui d'untel qui est un tire-au-flanc ou de cet autre qui est un horrible ambitieux. Il le découvrira bien par lui-même et vous ne passerez pas pour un faiseur de ragots. Proposez-lui de venir le chercher pour aller ensemble au restaurant d'entreprise et faites-lui partager une table avec vos collègues préférés, ceux qui comme vous, ont l'art d'accueillir. Car oui, c'est un art de savoir prendre du temps pour les autres, de s'y intéresser, c'est même le b.a.-ba du savoir-vivre !

SIR, YES SIR

Certains ne sont pas à l'aise avec la hiérarchie, d'autres la trouvent légitime, voire nécessaire. Si vous faites partie de la première catégorie, votre carrière dans l'entreprise ne sera pas un long fleuve tranquille. Mieux vaut alors être son propre patron ! Mais ce n'est pas toujours envisageable et il faut alors accepter de recevoir des instructions sans ciller. En temps normal (il existe toujours des exceptions !), votre supérieur n'est pas là pour vous rendre la tâche impossible mais pour faire progresser la société qui vous emploie. Aussi, un comportement grossier est à proscrire absolument. On attend de vous d'être disponible et respectueux, c'est la moindre des choses. Si vous avez une relation amicale avec votre patron, n'oubliez cependant pas qu'il n'est pas votre meilleur ami. Ne lui racontez pas votre vie, il a peut-être mieux à faire. En revanche, si la situation entre vous est tendue, ne colportez jamais de ragots sur lui, ne médisez pas sur son compte devant vos collaborateurs. Les murs ont des oreilles et ces affirmations déplaisantes lui seront peut-être rapportées. Ne tiquez pas dès que votre supérieur vous fait un reproche, il vaut toujours mieux se remettre en question plutôt que de ressasser votre sentiment d'injustice.

SÉVÈRE... MAIS JUSTE

Vous avez la réputation d'être sévère mais, est-ce un miracle, personne ne semble vous en tenir rigueur. Peut-être êtes-vous tout simplement impartial, qualité essentielle dans la vie professionnelle. Si un de vos collaborateurs a commis une erreur, s'il est démotivé, s'il éructe plutôt que de parler à ses collègues, il est peut-être temps de prendre les choses en main. Inutile de l'invectiver devant tout le monde. Invitez-le à venir vous voir dans votre bureau. Commencez par lui demander s'il a un problème et proposez-lui de l'aide pour le résoudre. Il sera peut-être heureux de se confier sur son mal-être. En revanche, si sa désinvolture ne cesse pas durant votre tête-à-tête, remettez les pendules à l'heure et expliquez-lui clairement qu'il va devoir changer d'attitude. C'est un exercice difficile pour certains qui n'aiment pas la polémique, encore moins l'autorité, mais, si vous êtes à la tête d'un service, c'est à vous de régler le problème. Un bon patron se réjouit des succès de ses employés et félicite ceux qui le méritent. Mais il doit savoir agir et même sévir quand l'un d'eux est (ou est devenu) incompétent. Ne répétez à aucun de ses collègues la teneur de vos propos lors de l'entretien. Cette conversation doit rester discrète, sûrement pas un bruit de couloir.

C'EST TOI LE MEILLEUR

Il n'est, au fond, pas si différent de votre petit camarade de classe, toujours prompt à rendre service à son professeur et détestable avec le commun des mortels, c'est-à-dire les élèves. Tous ceux qui ont quelques années de vie professionnelle derrière eux savent de quoi nous parlons. L'obséquieux, l'hypocrite, le courtisan, on le connaît et on le repère assez vite. S'il a besoin de vos services, vous allez devenir une cible. Ne tombez pas dans le panneau ! Et sachez, tout en douceur, le faire changer de comportement à votre égard. Écoutez-le attentivement faire votre éloge, remerciez-le pour ces compliments et passez rapidement à autre chose. Il vous flatte pour une bonne raison et vous l'avez compris : il a besoin de vous. Le but est de lui faire comprendre que vous ne croyez pas un mot de ce qu'il vous dit tout en restant courtois. Il vous manipule ? Manipulez-le ! Mais pas sur son terrain. En étant aimable même si vous n'en pensez pas moins, en refusant de discuter avec lui de vos supérieurs hiérarchiques qu'il essaye de dénigrer pour faire de vous un complice… Le mieux est encore d'éviter cet individu dangereux, cet opportun qui sème la pagaille.

LES BONNES BLAGUES

On peut rire de tout, mais pas forcément avec tout le monde », disait Pierre Desproges. Votre légendaire humour doit, quelquefois, être mis au placard. Il servira surtout dans la sphère privée ! Car si certains riront de bon cœur à vos blagues, d'autres les trouveront franchement non avenues. Sachez trouver le bon moment et les bonnes personnes pour raconter une anecdote hilarante et surtout ne tentez pas d'être drôle systématiquement et à longueur de temps. L'humour permet de désamorcer un conflit, d'alléger une pression devenue pesante, de détendre l'atmosphère tout simplement. Mais sachez mesurer vos ardeurs ! N'oubliez jamais que la petite blague grivoise, celle qui a connu un grand succès lors d'un déjeuner de famille, n'a pas à être racontée au bureau. Respecter le tempérament de chacun. Et, on ne le dira pas assez, ne vous servez par de votre ironie percutante pour railler vos collaborateurs. Si certains auront le sens de la repartie et s'amuseront de la situation, d'autres ne la comprendront pas. Inutile de blesser (même involontairement) un collègue dépourvu d'humour. Ne soyez pas cruel pour le seul plaisir d'un bon mot. Riez bien sûr mais avec bonhomie. Vous éviterez ainsi de commettre bien des maladresses.

PROXIMITÉ OU FAMILIARITÉ ?

Votre aisance est l'une de vos grandes qualités. Votre spontanéité est, croyez-vous, l'un de vos meilleurs atouts dans votre sphère professionnelle. Or justement, c'est cette spontanéité qu'il va vous falloir manier avec prudence. Vos collaborateurs ne sont pas les membres de votre famille et vous ne pouvez pas vous comporter avec eux comme tels. Ce qui pourrait vous paraître banal, une tape dans le dos, donner un surnom un peu ridicule à un collègue, poser une question indiscrète, pourrait bien être reçu comme une intrusion mal venue et même carrément insupportable. Encore une fois, au bureau, chacun est différent, l'éducation n'est pas la même pour tous. Si vous êtes à la tête d'un service, à un poste de pouvoir, faites très attention à votre attitude vis-à-vis de vos collaborateurs. Ces derniers pourraient voir dans votre trop grande familiarité, une tentative un peu grotesque de les amadouer, même si ce n'est pas le but initial. Ou, au contraire, votre crédibilité pourrait être mise à mal. Dans tous les cas, on ne doit pas confondre proximité et familiarité. Il va vous falloir trouver la parade : travailler dans une ambiance sympathique sans pour autant franchir les frontières de l'intimité.

ET BLA-BLA-BLA...

C'est plus fort que vous : vous bavardez. De tout et de rien et surtout à n'importe quel moment. Une idée vous vient et vous vous faites un devoir de la partager avec vos voisins. En pleine réunion, à la machine à café, au restaurant d'entreprise, on n'entend que vous. Hélas au bureau, personne ne se sent le droit de vous demander de vous taire, le professeur du lycée qui vous houspillait dans vos jeunes années n'est plus là pour le faire. C'est à vous de réfléchir à la situation. Parler quand c'est nécessaire va vous demander un effort suprême mais il vous permettra, entre autres, d'écouter les autres. Ce que vous ne faites généralement pas, puisque vous leur coupez la parole. Pensez que parler sans cesse déconcentre vos collègues qui vont finir par vous prendre en grippe. Si vous êtes vous-même en charge d'une équipe dont l'un des membres est un bavard notoire, demandez-vous peut-être s'il s'ennuie et allez lui en parler. Attention : ne le laissez pas vous entreprendre pendant un quart d'heure sur le sujet ! Félicitez-le sur son sens de la communication et suggérez-lui de converser librement hors du bureau ! Rappelez-lui qu'il est ici pour travailler, pas pour raconter sa vie. Avec tact et courtoisie bien sûr !

COMME UN SOU NEUF

C'est un sujet dont on ne devrait même pas parler. Et pourtant… qui n'a pas connu ce confrère sympathique à l'hygiène douteuse ? Respectez-vous avant de respecter les autres ! Être négligé, c'est renvoyer une image rebutante qui pourrait vous nuire. On récapitule : pas de cheveux gras, pas d'odeurs corporelles désagréables, pas d'ongles noirs, de taches indéterminées, de col gris, de dents sales… Imaginez ce que pensent de vous ceux qui partagent votre bureau et doivent vous supporter toute la journée. Vous pouvez être le meilleur d'entre tous, vos efforts seront anéantis en moins de temps qu'il ne faut pour le dire. Autre sujet, au moins aussi peu ragoûtant : les toilettes ! Nous vous rappelons que vous n'êtes pas le seul à les utiliser et, vous ne devez en aucun cas les laisser dans un état déplorable. N'oubliez jamais de vous laver les mains, et cela plusieurs fois par jour, ce doit être une routine. Pensez à conserver dans un tiroir une chemise ou un chemisier propre si vous vous êtes taché. Les femmes devraient toujours avoir un collant de rechange si le leur a filé. Bref, soyez impeccable, propre de pied en cap, mieux avoir l'air trop soigné que pas assez.

PATCHOULI

Tout est affaire de quantité. Vous travaillez avec quelqu'un qui aime se parfumer délicatement et votre bureau embaume. Quelle chance ! Vous travaillez avec quelqu'un qui aime se parfumer et qui s'asperge de Soleil du matin plusieurs fois par jour ? Quelle calamité ! Le parfum, c'est comme tout : point trop n'en faut. Quelques gouttes derrière les oreilles, un soupçon d'after shave sur les joues devraient suffire. N'oubliez pas : certaines fragrances peuvent donner aux autres des migraines, parfois même la nausée. Si vous partagez un bureau, si vous travaillez dans un open space, votre parfum pourrait bien devenir une obsession pour vos collaborateurs. Songez-y avant de vous inonder de patchouli, vous pourriez bien être isolé, peut-être même pris en grippe ! Pour ceux qui doivent supporter cette odeur bien trop puissante, osez en discuter avec le fautif. Dites-lui que vous êtes allergique par exemple, excusez-vous pour votre requête, inutile de prendre un air excédé. Si vous savez vous y prendre, la personne incriminée ne devrait pas vous en vouloir, mieux, se sentir désolée de ne pas y avoir pensé plus tôt ! Elle pensait sentir bon et avait seulement oublié que tout le monde n'était pas forcément d'accord avec elle !

LE "ROOKIE"

Par définition, le stagiaire ne reste jamais très longtemps au sein de l'entreprise. Il est généralement très jeune et fait ses premiers pas dans la vie professionnelle. Il vous est en quelque sorte « confié » et c'est à vous de lui laisser un bon souvenir de ces quelques semaines ou quelques mois passés dans votre service. Le premier jour, faites-le venir dans votre bureau et questionnez-le : quel âge a-t-il, quelle est sa formation, que veut-il faire plus tard ? Écoutez-le vraiment et ne faites pas autre chose tout en l'interrogeant. De votre côté, expliquez-lui, même rapidement, votre travail, l'histoire de l'entreprise. Et présentez-le à ceux qui travaillent avec vous en indiquant son prénom et son cursus. Bien sûr, vous ne lui confierez pas des tâches essentielles et il le sait mais insistez pour qu'il observe ce qui se passe autour de lui. Il est sûrement inquiet, entrer ainsi dans un nouvel univers est toujours angoissant, dites-lui quelques mots en le croisant dans les couloirs, faites en sorte qu'il soit à l'aise et, plus que tout, qu'il parte de la société en ayant appris quelque chose. Pensez aussi que ce jeune stagiaire deviendra peut-être un jour le président d'une entreprise du CAC 40, qu'il parlera de vous comme le plus courtois de ses employeurs et, qui sait, vous fera travailler à son tour !

LES MOTS MAGIQUES

Vous avez fait cent fois la leçon à vos enfants. Depuis vos premiers mots, vos parents vous ont rebattu les oreilles avec ces *« merci, s'il vous plaît, bonjour, au revoir »*. Vous vous y êtes fait depuis le temps ! Vraiment ? Pourquoi alors ne l'entendons-nous pas systématiquement au sein d'une entreprise ? Imaginez-vous que, devenu adulte, ils ne sont plus indispensables ? Erreur, grossière erreur. Ces quatre mots ont au moins autant d'importance que la qualité de votre travail. Comment accepter ne pas être remercié quand on traverse tout l'immeuble pour vous apporter un dossier. Comment trouver normal de ne pas entendre dire *« s'il vous plaît »* quand un supérieur hiérarchique demande d'aller faire des photocopies ? Dire bonjour à tous peut prendre du temps, mais un grand sourire et un signe de la main englobant toute l'assemblée vaudra toujours mieux qu'un air renfrogné dès potron-minet. Cela vous semble évident ? Oui, ça l'est. Pour presque tout le monde. Certains réfractaires apprendront à leurs dépens que ne pas dire ni bonjour, ni merci, ni s'il vous plaît, aux uns et aux autres, sans distinction (de la femme de ménage au directeur commercial) nuit gravement à leur réputation.

MDR, LOL, DSL

Moyen de communication ultrarapide, les textos nous sont devenus indispensables. Mais attention à ne pas en abuser ! Même si vous avez grâce à eux la possibilité de contacter un collaborateur 24 heures sur 24, pensez avant tout que ce même collaborateur a peut-être envie de profiter de sa vie de famille après 20 h ! N'oubliez pas non plus que ce type de message est censé être court, ce n'est ni un mail ni un courrier. Soyez bref. Allez à l'essentiel, utilisez ces messages pour rappeler un rendez-vous ou pour préciser un horaire. Et n'utilisez jamais ces abréviations que tout le monde ne connaît pas : on ne peut pas passer des heures à vous déchiffrer. On évite donc les « a2m1 » (à demain), « ama » (à mon avis), « pk » (pourquoi) ou encore « koi29 » (quoi de neuf). Vous laisserez cela à la sphère intime, mieux, à vos adolescents qui sont des spécialistes de ce nouveau vocabulaire. Signez toujours vos messages : vous n'êtes pas forcément dans le répertoire du téléphone de votre interlocuteur et les textos anonymes sont une source d'inquiétude ou oblige à effectuer de longues recherches pour comprendre qui en est l'envoyeur. Enfin, évitez à tout prix les textos collectifs pour, par exemple, adresser vos vœux : envoyer le même message à toutes vos connaissances ne feront plaisir à personne. Personnalisez-les en débutant par ces mots : « Cher Untel, heureuse année pour vous et vos proches… »

LE E-MAIL ET SES CONTRAINTES

Même si, dans un mail, vous avez de la place pour vous exprimer, faite court. Ne vous empêtrez pas dans des explications à n'en plus finir. Un mail doit être concis, clair et si possible bien écrit. Attention à l'orthographe, mais nous en reparlerons. Avant de l'envoyer, relisez-le, vérifiez que vous n'avez rien oublié. Il est toujours mieux de ne pas en envoyer un second parce qu'on a omis une information, la pièce jointe par exemple. Pensez à la case « objet » : votre destinataire reçoit parfois jusqu'à une centaine de mails par jour et le vôtre pourrait bien passer à la trappe si vous n'écrivez que « nouvelles ». S'il s'agit d'organiser une réunion importante, écrivez « réunion du 17 décembre », il le regardera en priorité. Pensez en professionnel : n'envoyez pas à tout votre mailing des photos de votre nouveau-né. Cette information, ô combien importante, doit rester privée, à l'exception des quelques collègues avec qui vous entretenez une relation privilégiée. Ne faites surtout pas d'ironie dans vos mails, ce qui est drôle à l'oral ne passe pas bien à l'écrit tout simplement parce que vous ne pouvez pas y mettre le ton. Et si vous ne pouvez vous en empêcher, ajouter des points d'exclamations. Dernière chose qui a son importance : vérifiez bien le nom du destinataire de votre message. On a vu des étourdis se tromper d'adresse et envoyer un mail à celui dont il disait pis que prendre ! Malaise assuré.

ZÉRO FAUTE

L'orthographe est importante parce qu'elle est un gage de politesse. Recevoir un message truffé de fautes pourrait bien vous faire passer pour un mufle même si vous êtes tout le contraire. On vous taxera d'inconséquent, pire, d'ignare. Il est essentiel d'écrire convenablement, peut-être plus encore dans la sphère professionnelle. On ne le répétera jamais assez : relisez-vous, rengaine entendue depuis votre classe de CE2 et toujours d'actualité. Certains sont nés avec une table de conjugaison dans la tête, d'autres ont plus de difficultés. Votre chance est d'avoir tous les outils nécessaires pour pallier cette faiblesse. Le correcteur automatique bien sûr (au moins pour les mots de vocabulaire) mais attention : ce correcteur ne voit pas toujours les fautes grammaticales, encore moins de syntaxe. Regardez sur des sites spécialisés, ils devraient vous aider à ne pas faire d'erreurs. Si, vraiment, vous n'êtes pas certain de manier correctement un accord, changez la construction de la phrase ! Que ce soit par texto ou par mail, ne vous précipitez pas pour répondre à vos interlocuteurs, c'est souvent dans la hâte qu'on commet les pires erreurs. Et si, le message envoyé, vous vous rendez compte avoir fait une énorme bourde, ne vous sentez pas obligé de la rectifier par un second message. Avec un peu de chance votre destinataire ne l'a pas remarquée…

VEUILLEZ CROIRE, MADAME...

C'est un véritable casse-tête ! Comment commencer, comment finir un courrier ou un mail ? Tout le monde s'est déjà posé la question tant on a peur d'être trop familier ou, au contraire, trop formel. Ce récapitulatif, même incomplet, devrait vous permettre d'y voir plus clair : plutôt que de commencer vos messages par « Bonjour » et finir par « À bientôt », écrivez :
– pour une lettre de motivation ou pour marquer votre respect à un interlocuteur que vous n'avez jamais rencontré : vous débuterez votre courrier par : « Madame » ou « Monsieur » et finirez par : « Je vous prie d'agréer, Madame, (Monsieur), l'expression de mes sentiments respectueux. »
– pour un interlocuteur que vous connaissez mais qui n'est pas de votre génération : « Chère Madame » (Monsieur) » (on ne dit jamais « Ma chère Madame » ou « Mon cher Monsieur »), vous finirez par « Je vous prie d'agréer, chère Madame (Monsieur), à l'assurance de mon meilleur souvenir. »
– pour un client que vous avez déjà croisé : « Chère Claire Dupond » ou « cher Marc Durand » et finirez par : « Croyez à mes sentiments les meilleurs. »
– pour un collaborateur que vous connaissez un peu : « Chère Claire », « Cher Marc » et finirez par « Bien à vous », « Cordialement ». Si vous vous connaissez bien : « Amitiés » ou « Je t'embrasse » (on évitera « bisous »).
Il existe une multitude de formules de politesse. Faites confiance à votre instinct et aux manuels spécialisés qui vous indiqueront la meilleure façon de faire.

3.
LE RESPECT DE LA COLLECTIVITÉ

TENUE CORRECTE EXIGÉE

ALLÔ MAMAN BOBO

JETER MAIS TRIER

LORSQUE L'ENFANT PARAÎTRA

QUEL ÉTAGE ?

CES CHERS TÊTES BLONDES

S'EN GRILLER UNE...

ET TU SAVAIS POUR PAUL ?

EN COUP DE VENT

LOVE, ETC...

SERRÉ OU ALLONGÉ ?

RÉPONDRE AUX AVANCES... OU PAS

VENDREDI, TOUT EST PERMIS

NI AVEC TOI NI SANS TOI

TENUE CORRECTE EXIGÉE

Si vous n'entrez jamais en contact avec des clients, grande est la tentation de vous habiller un peu n'importe comment. Vous en avez le droit bien sûr. Mais gare aux abus ! Même si les températures ont atteint un niveau record, évitez tout de même le bermuda ou le short. Et ce n'est pas parce que vous préférez être confortable que vous porterez un jogging. En tous les cas les vêtements un peu trop décontractés qui pourraient vous faire passer pour un dilettante. Demandez-vous quelle image vous voulez projeter. Si, en revanche, le port de la cravate est obligatoire dans votre fonction, choisissez-les les plus neutres possible. Ne portez pas des chaussures marrons avec un costume bleu marine et encore moins des chaussettes blanches avec des mocassins. Les femmes ont plus de chance : elles savent qu'aujourd'hui il est facile de s'habiller parfaitement pour presque rien grâce à quelques enseignes bien connues du grand public qui copient les modèles de grandes marques. Votre supérieur ne vous demande pas d'être un parangon de la *Fashion Week*, seulement d'être correct : propre bien sûr, net évidemment, pour les autres comme pour vous-même. D'ailleurs, si vous êtes responsable d'une équipe, donnez vous-même l'exemple !

JETER MAIS TRIER

Il est bien loin ce temps où les poubelles servaient à jeter à peu près tout et n'importe quoi, papiers et bouteilles, sandwichs et cartouches d'encre. L'époque a changé et s'est enfin aperçue de l'état catastrophique de notre planète. Les entreprises ont aujourd'hui l'obligation de mettre en place un système de tri. Outre les boîtes de collecte, elles doivent par exemple fournir à leurs salariés une poubelle en carton dans chaque bureau. Les employés doivent y abandonner leurs papiers, carton, etc. La moindre des choses est de se conformer à cette règle si facile à suivre. Vous devez être… de vos déchets et ne pas haussez les épaules lorsqu'on vous fait savoir que vous n'utilisez jamais cette poubelle mise à votre disposition. D'ailleurs, avant de quitter les lieux, vérifiez qu'elle ne déborde pas, n'attendez pas que le personnel de ménage s'en occupe à votre place. Ce serait méprisant et grossier de votre part. Videz-la dans les containers mis à votre disposition. Par paresse, n'y jetez pas votre salade de thon ou tout ce qui n'a rien à faire là. Si vous pensez que cela n'a pas d'importance puisque évidemment quelqu'un passera derrière vous pour s'en occuper, dites-vous bien que le respect, la considération, la civilité sont les bases même du savoir-vivre.

QUEL ÉTAGE ?

C'est vrai, ce n'est jamais très agréable de côtoyer, parfois de très près, un inconnu pendant un petit moment. C'est pourtant dans l'ascenseur que vous allez prouver à tous votre savoir-vivre (ou pas !) Tout d'abord, première règle très simple et évidente : on salue en y entrant, même si vous ne connaissez pas la personne qui s'y trouve, plutôt que de regarder par terre ou en l'air pour s'éviter cette corvée qui prendra, on vous le rappelle, deux secondes de votre vie. Et, si quelqu'un y accède en même temps que vous, on lui demande à quel étage il compte s'arrêter et on actionne le bouton pour lui. Si vous reconnaissez un collaborateur dans l'ascenseur mais que vous n'êtes pas seul, ne commencez pas une réunion improvisée. Certaines informations sont peut-être confidentielles et ces inconnus avec qui vous partagez ce petit moment n'ont peut-être pas à connaître les détails de la nouvelle stratégie de l'entreprise. L'ascenseur est trop petit et tout le monde ne peut pas y entrer ? Messieurs les gentlemen, laissez passer les femmes d'abord. La galanterie, même par les temps qui courent, subsiste encore. Et bien entendu, les personnes âgées seront prioritaires. Enfin, si en entrant dans l'ascenseur, vous entendez quelqu'un courir pour l'attraper, soyez assez aimable pour bloquer la porte et permettre au retardataire de s'y engouffrer lui aussi.

S'EN GRILLER UNE...

Le code de la santé publique a interdit la cigarette le 1er février 2007. Depuis, il faut sortir pour s'adonner à son péché mignon. Nous rappelons que, la plupart du temps, des cendriers sont à votre disposition devant les entreprises : on ne jette pas ses mégots sur le trottoir. Que cette pause bien méritée ne dure pas non plus des heures ! Surtout si vous travaillez au 56e étage d'un gratte-ciel et que l'ascenseur met dix minutes à descendre. Vous souffrez d'être coincé dans une réunion sans pouvoir vous adonner à votre travers ? Il va pourtant falloir réprimer votre nervosité. Vos collègues n'ont pas à subir votre mauvaise humeur parce que vous êtes en manque. Trouvez la parade avec des gommes à la nicotine. Et puis n'oubliez pas d'avoir sur vous des pastilles à la menthe ! L'haleine du fumeur peut être incommodante tout comme l'odeur qui imprègne vos vêtements. Ayez une bouteille d'eau de toilette à portée de main pour remédier à ce problème. Les « addicts » ont cru être délivrés grâce à la cigarette électronique ! Hélas, le vapotage est également interdit au sein des entreprises depuis 2017, sauf dans certaines sociétés où il est toléré dans les bureaux individuels… Lors d'un rendez-vous, évitez tout de même de l'utiliser. Vous vapoterez quand votre visiteur sera parti.

EN COUP DE VENT

Passer d'un bureau à l'autre, venir voir un collaborateur, aller déjeuner au restaurant d'entreprise, vous passez finalement beaucoup de temps dans les couloirs de votre entreprise. Souvenez-vous de saluer ceux que vous apercevez, un visiteur inconnu ou le comptable du troisième étage seront logés à la même enseigne. Si vous êtes pressé, faites seulement un signe de la main, ce sera suffisant et, doit-on le rappeler, souriez aimablement. Si vous connaissez celui que vous croisez ajouter son prénom à votre bonjour. C'est une marque de courtoisie qui touche toujours ceux qui sont concernés. Les couloirs sont faits pour êtres empruntés rapidement, et ne doivent sûrement pas faire office de salle de réunion. Comprenez que vous ne devez pas y discuter des heures, même pour faire le bilan du dossier dont vous avez la charge. Le bureau devant lequel vous vous tenez est peut-être celui d'un employé qui tente désespérément de se concentrer tandis qu'il entend derrière sa porte vos doléances ou vos dithyrambes sur tel ou tel sujet. Si un opportun vous entreprend dans le couloir, proposez-lui poliment de finir cette conversation dans son bureau ou dans le vôtre afin de ne gêner personne. Soyez discret, vous êtes dans une entreprise où des individus travaillent, pas au café du coin.

SERRÉ OU ALLONGÉ ?

Elle est synonyme de pause, une manière de se détendre ne serait-ce que quelques instants. À la machine à café, vous croiserez bien sûr des collègues et c'est une manière sympathique de discuter de trois fois rien en quelques minutes. À ce propos, n'accaparez ceux qui sont pressés et veulent seulement boire une boisson chaude avant de repartir sur un dossier. Comprenez qu'ils n'ont pas forcément le temps d'écouter vos récriminations. En revanche, ce peut être un bon endroit pour faire un peu mieux connaissance avec ceux que vous n'avez fait qu'entrevoir. Si vous sentez que votre interlocuteur a un peu de temps devant lui, profitez de l'occasion pour en savoir plus sur ses goûts, sa situation familiale et sur son service, vous créerez une complicité sympathique. Ce petit moment de décompression a d'autres avantages : c'est un « entre-deux » dans la vie professionnelle qui vous obligera à vous déconnecter brièvement. Un responsable pourrait vous apparaître sous un autre jour mais attention à ne pas non plus oublier qui il est. Décontraction, soit, mais respect avant tout. Ne devenez pas un de ces piliers de la machine au café qu'on est certain de rencontrer à chaque fois qu'on s'y rend ! Une mauvaise réputation est tenace et vous ne voulez sûrement pas passer pour un de ces tire-au-flanc !

Coffee
BREAK

VENDREDI, TOUT EST PERMIS

Comme son nom l'indique cette coutume nous vient tout droit d'Amérique. Une manière de permettre aux employés qui partaient en week-end de ne pas rentrer chez eux pour se changer. Un usage sympathique qui comme toujours a ses limites ! On le répète, décontraction ne rime pas avec laisser-aller. Et, si vous pouvez vous permettre de porter un jean ce jour-là, coordonnez-le avec une chemise impeccable et non pas un tee-shirt troué. Si vous êtes un nouveau venu dans l'entreprise, le mieux est encore de regarder comment font les autres ! C'est-à-dire vos confrères mais aussi votre supérieur. Arriver en tongs un vendredi quand tout le monde a simplement tombé la veste serait du plus mauvais effet. Attention à ces vendredis où vous devez rencontrer des clients, le Friday Wear doit alors être proscrit : vous êtes toujours le représentant de votre société et ne pouvez pas vous permettre une tenue trop décontractée, ne serait-ce que par respect à leur égard. Chaque entreprise a ses codes, vous devez les assimiler le plus rapidement possible. Quoi qu'il arrive, ce n'est pas parce que vous ne portez ni costume ni tailleur ce jour-là que vous devez modifier votre attitude. Restez vous-même : élégant à l'extérieur comme à l'intérieur !

ALLÔ MAMAN BOBO

Vous n'êtes pas une machine et devez parfois appeler ou répondre à des appels de nature personnelle. Personne ne vous en voudra de téléphoner à votre conjoint pour l'avertir de votre retard par exemple. En revanche, il pourrait être très désagréable pour tous, et en particulier lorsque vous partagez un bureau, de vous entendre raconter votre vie à l'autre bout du fil. Sachez utiliser votre téléphone avec parcimonie ! Le mieux, si vous ne pouvez vraiment pas faire autrement, est encore de sortir de la pièce afin de ne pas déconcentrer vos collègues. Ou de ne pas répondre du tout ! Résister à la tentation demande un peu d'entraînement, surtout depuis l'apparition des téléphones portables. Ces derniers sont un véritable casse-tête pour les règles de savoir-vivre dans le privé, on vous laisse imaginer les dégâts qu'ils peuvent engendrer dans la vie professionnelle ! Un exemple tout simple : si vous discutez avec un ami et qu'un collaborateur vous appelle, vous devez savoir qui est prioritaire et mettre fin sur le champ à votre conversation privée. Cette règle ne souffre aucune exception ! Vous continuerez cette discussion plus tard, hors les murs de votre entreprise. N'oubliez pas qu'un employeur pourrait vous sanctionner si ces appels personnels nuisaient à votre travail. À bon entendeur…

LORSQUE L'ENFANT PARAÎTRA

Il est toujours un peu angoissant d'annoncer la grande nouvelle à votre employeur. Sera-t-il furieux d'apprendre que vous serez absente seize semaines (la durée du congé de maternité pour un premier enfant) ? C'est possible mais vous pouvez déjà préparer votre départ : en expliquant à ceux qui prendront votre suite les problèmes que vous rencontrez sur un dossier, en vous mettant d'accord en amont sur qui fera quoi pendant votre absence. Bref, en organisant votre départ. Votre supérieur verra comme vous êtes organisée en plus d'être compétente ! Les premiers mois, ne parlez pas sans cesse de votre état. Oui, il est tentant de partager avec les autres son bonheur, sauf que, s'ils sont contents pour vous, vos collaborateurs ont aussi du travail à fournir ! Et si vous vous sentez nauséeuse, gardez ces désagréments pour vous, ne racontez pas dans le détail ce que vous devez affronter chaque matin. Quant à vos collègues, ils devront vous demander la permission avant de toucher votre ventre puisque certains ne peuvent s'empêcher de le faire… Et ne devront pas non plus vous considérer comme une malade. C'est très gentil de leur part mais vous êtes seulement enceinte et peut-être heureuse de mener jusqu'au terme de votre grossesse une vie normale !

CES CHERS TÊTES BLONDES

Ils font votre bonheur et c'est normal. Résistez pourtant à la tentation de parler de vos enfants sans cesse au bureau. Raconter dans les détails leurs premiers pas, leurs premiers mots, leurs premières dents, n'intéresse au fond que vous et vos proches. Vos collègues ne sont peut-être pas vos amis intimes et les progrès d'Arthur en mathématiques ne provoqueront chez eux aucune exultation, même si vous semblez le croire. Ils sont seulement polis et veulent vous faire plaisir. Bien sûr, d'autres vous demanderont des nouvelles, répondez-y brièvement. N'oubliez pas ces femmes qui, passé un certain âge, n'ont pas d'enfants. C'est peut-être un choix, peut-être pas. Et entendre de longs discours sur la maternité peut leur être douloureux. Vos charmantes têtes blondes vous offrent leurs dessins ? Gardez-les précieusement chez vous et ne les accrochez pas tous sur le mur de votre bureau. Quelques dessins seront amusants et même joyeux, quinze œuvres d'Arthur et Sidonie punaisées un peu partout et vous installerez chez vos visiteurs un sentiment mitigé ! Ne passez pas non plus votre temps à leur montrer les photos de Sidonie et d'Arthur sur votre téléphone portable : ils se sentiront coincés et obligés de s'extasier.

ET TU SAVAIS POUR PAUL ?

Vous êtes friand de potins ? Vous raffolez savoir les petits travers du comptable et les histoires sentimentales de votre DRH ? Les ragots vous passionnent ? Votre situation au sein de l'entreprise se présente mal. Et votre réputation de commère fera le tour des couloirs : l'arroseur arrosé ! Une des premières règles de savoir-vivre est justement de ne pas écouter les ragots, de ne jamais y prendre part. Dans la sphère professionnelle, la jalousie, l'ennui peut-être font dire n'importe quoi sur n'importe qui. Et, même si ces informations sont vraies, vous n'avez pas à y faire attention. Refusez tout de go de vous moquer de ceux avec qui vous travailler cinq jours sur sept. Ne rentrez jamais dans le jeu de ces spécialistes des cancans qui feraient mieux de retourner à leur tâche plutôt que de répandre leurs médisances. Les ragots peuvent faire du mal à certains individus qui ne le méritent pas. Voyez les lynchages anonymes sur les réseaux sociaux, ces indiscrétions malsaines en sont les prémices. Vous êtes au-dessus de tout cela et l'être policé que vous êtes préférera se boucher les oreilles plutôt que participer à ces messes basses odieuses.

LOVE, ETC...

Côtoyer les mêmes personnes toute la journée amène parfois des dérapages ! On le sait bien, des histoires d'amour se nouent au bureau : plus de 20 % des Français ont rencontré leur mari ou leur femme au sein même de l'entreprise et 60 % avouent avoir déjà eu une relation avec un ou une collègue. Rien ne vous empêche de tomber amoureux au bureau, en tout cas au nom de la loi. Mais prenez garde tout de même à ce que cette situation ne nuise pas à votre travail. D'abord soyez discret. Inutile de vous afficher dans l'open space, ce n'est pas l'endroit ni même devant la machine à café, ne vous envoyez pas d'œillades éloquentes, refusez tout geste tendre. Ensuite, si disputes il y a, veuillez régler vos comptes hors du bureau ! C'est justement le problème : la passion retombée, il est probable que la situation s'envenime, gardez-vous de toutes scènes de ménage dans l'entreprise, interdisez-vous les petites piques que vous croyez être les seuls à comprendre. Ravalez votre rancœur et passez à autre chose (pas forcément à quelqu'un d'autre !). Qu'il s'agisse d'une relation brève ou d'une grande histoire, séparez coûte que coûte vie professionnelle et vie privée. Vous devez être, quoi qu'il arrive, irréprochable et digne.

RÉPONDRE AUX AVANCES… OU PAS

C'est une situation délicate : un homme (ou une femme) vous fait les yeux doux. Vous l'avez remarqué et vous n'êtes pas le (ou la seule). Or vous n'avez pour ce collègue que de la sympathie, guère plus. Difficile de le remettre à sa place s'il n'a pas été insistant, simplement attentif à votre petite personne : il vous parle beaucoup, vous garde une place à sa table au restaurant d'entreprise et vous sentez venir ce moment fatal où il va vous inviter à prendre un verre après votre journée de travail. Refusez tout net sans pour autant être désagréable. Faites-lui comprendre que non seulement votre vie est bien remplie mais que ce n'est pas du tout la période idéale pour vous. Soyez franc et direct, il risquerait sinon de renouveler l'invitation un peu plus tard. Après cette explication, ne culpabilisez pas en étant trop empressé, il ne comprendra plus rien à la situation ! S'il insiste vraiment trop, ce n'est pas tolérable. Remettez-le à sa place même sèchement. Votre patience a des limites. Et s'il a cette fois compris qu'il n'obtiendra rien de vous, oubliez cet épisode désagréable. Rien ne sert de ressasser, faites plutôt comme si rien ne s'était passé. N'en parlez à personne, vous savez comme les ragots font du mal.

NI AVEC TOI NI SANS TOI

Vous passez la majeure partie de votre vie avec eux, il est normal d'avoir des affinités avec quelques-uns de vos collègues. Parfois, la relation professionnelle devient amicale : c'est à la fois une bonne chose et une situation dont il faut se méfier. Une bonne chose parce qu'il est plus agréable de retrouver une amie au bureau et de lui faire entièrement confiance. Mais attention tout de même : votre relation doit rester équilibrer. Vous n'avez pas à travailler pour deux parce que Nicole est un peu fatiguée et que vous voulez la soutenir. Vous riez ensemble, vous partagez vos secrets. Sachez que peut-être votre relation exclusive déroute les autres membres de votre équipe. D'abord parce qu'ils auront l'impression que vous discutez plus que vous ne travaillez, ensuite parce qu'ils se sentiront mis à l'écart : une situation désastreuse pour la cohésion de groupe ! Partagez vos fous rires avec les autres, proposez de déjeuner tous ensemble, ne formez pas seulement un duo. Sachez aussi que, parfois, l'amitié est faite pour rester au bureau : vous aimez travailler avec Nicole, mais êtes-vous sûre de vouloir passer vos vacances avec elle ? Réfléchissez-y avant de partir en sa compagnie à l'autre bout du monde !

4. TÉLÉTRAVAILLER

DÉCOR SOIGNÉ

L'HABIT FAIT LE MOINE

JE ME FERAIS BIEN UNE PETITE PAUSE...

TROP C'EST TROP

FAMILLE, JE VOUS AIME

PLAÎT-IL ?

À LA BONNE HEURE

NON À LA CULPABILITÉ !

TOUTES LES BONNES CHOSES ONT UNE FIN

EN COUPLE

DÉCOR SOIGNÉ

Depuis les confinements, une nouvelle manière de travailler s'est peu à peu généralisée dans les entreprises. Votre appartement, votre maison, devient quelques jours par semaine votre bureau. Une réunion peut alors avoir lieu à distance et c'est le moment de réfléchir à ce que vous allez montrer à vos interlocuteurs à travers votre écran d'ordinateur. Si vous avez la chance d'avoir un bureau rien qu'à vous, rien de plus facile : vous vous installerez devant une bibliothèque par exemple ou devant un mur neutre. Plus compliqué en revanche lorsque vous travaillez dans le salon partagé par tous les membres de votre famille. Par respect pour ceux avec qui vous allez vous entretenir, prenez garde à camoufler tout ce qui n'a rien à faire là. Ranger un tant soit peu la pièce : pas de jouets pour enfants qui traînent ni linge qui sèche au beau milieu de la salle de séjour ! Certaines applications proposent de vous installer un arrière-plan virtuel pendant vos visioconférences, ou même de le flouter, pensez-y si, décidément, vous ne trouvez pas l'endroit idéal pour vous tenir. Lorsque vous pénétrez à votre tour dans l'intimité de vos collaborateurs, ne faites aucune réflexion sur la décoration de son lieu d'habitation, même si vous n'êtes pas d'accord avec son choix de papier peint !

JE ME FERAIS BIEN UNE PETITE PAUSE…

Personne n'est là pour vous dire de vous arrêter un instant ? De prendre une pause ? De déjeuner ? C'est à vous d'y penser ! Et ce n'est pas toujours le cas. Après un travail intense, ne négligez pas cet aspect du télétravail : levez-vous de votre chaise, aller chercher un café, étirez-vous, faites même des petits exercices, vous devez absolument mettre quelques instants votre cerveau en mode veille. Et si vous profitiez de ces moments de répit pour envoyer un message affectueux à votre grand-mère ? Ou pour appeler sur votre portable vos collègues et leur parler de tout sauf de travail ! Quant aux employeurs, n'oubliez pas de respecter les pauses de vos subordonnés. Trop nombreux sont ceux qui organisent une réunion à l'heure du déjeuner : ce n'est pas parce que vos employés sont chez eux qu'ils n'ont pas le droit de prendre leur repas tranquillement. Programmez les réunions durant les heures de bureau, c'est la moindre des choses. Petite astuce pour les acharnés du travail qui ne voient pas le temps passer et oublient purement et simplement de se détendre ne serait-ce que cinq minutes : mettez une alarme sur votre portable environ toutes les heures. Travailler chez soi, c'est bien, ne faire que ça, c'est une folie !

FAMILLE, JE VOUS AIME

Travailler chez soi en famille demeure la grande inquiétude des télétravailleurs. On se souvient tous de ce journaliste de la BBC, interrompu en plein direct par ses terreurs d'enfants ! Il a fallu tout le flegme britannique de ce père de famille pour paraître à l'aise devant une telle situation… Lorsque vous avez une réunion, il faut impérativement vous trouver seul dans la pièce dédiée à votre travail. Ces petits incidents seront sinon fréquents. Et, si toutefois cela devait vous arriver, restez calme et faite sortir discrètement le petit intrus. Ne commentez pas ce qu'il vient d'arriver, on le rappelle, votre vie privée ne doit pas s'immiscer dans votre vie professionnelle. Vos interlocuteurs ne doivent avoir rien remarqué ou presque. Excusez-vous et passez vite à autre chose. Évidemment, lorsque vous avez un rendez-vous pour une visioconférence, prévenez votre conjoint à l'avance afin de s'organiser au mieux. Expliquez à vos têtes blondes que votre bureau – ou la pièce où se trouve votre ordinateur – leur est interdit pendant un petit moment. En revanche, puisque vous avez la chance d'être chez vous, profitez du déjeuner pour vous retrouver avec votre famille, ces petits moments ensemble sont toujours une excellente manière de se remettre sereinement au travail.

À LA BONNE HEURE

Pas de transport, pas de course folle pour attraper l'autobus, vous allez aujourd'hui travailler de chez vous. Cela vous permettra de dormir un peu plus longtemps ! Mais que cela ne vous empêche pas d'allumer votre ordinateur à la même heure que d'habitude, lorsque vous êtes physiquement au bureau. Il est tentant, bien sûr, de prendre son temps mais n'oubliez pas de respecter les horaires. C'est une question de confiance entre l'employeur et l'employé. Vous devez faire preuve de loyauté, c'est la moindre des choses. Le mieux est encore de s'obliger à être frais et dispos pour commencer votre journée et ne pas traîner dans votre lit pour travailler. Vous ne serez pas aussi efficace dans votre chambre qu'assis devant un bureau ! Pour ce qui est des horaires, votre journée doit ressembler à celle que vous passez dans l'entreprise : ni plus ni moins. N'en faites pas trop non plus ! Beaucoup culpabilisent quand ils télétravaillent et sont à l'œuvre dès potron-minet jusqu'à tard dans la nuit. Personne ne vous demande de vous épuiser à la tâche ! Sachez seulement que, lors des plages horaires fixées avec votre employeur, vous devez absolument être joignable. Votre honnêteté et votre discipline seront appréciées non seulement par votre patron mais aussi par vos collègues qui savent qu'on peut toujours compter sur vous !

TOUTES LES BONNES CHOSES ONT UNE FIN

La nuit est tombée depuis longtemps, votre conjoint vous somme de venir dîner et pourtant… vous êtes toujours à votre table de travail, tentant désespérément de démêler un important problème dans un dossier. Arrêtez tout ! Vous ne résoudrez rien si vous êtes épuisé. Pire, vous risquez de commettre un impair. La tentation, lorsqu'on télétravaille, c'est de ne jamais fermer son ordinateur. Or vous avez peut-être une famille qui attend votre présence, aussi bien physique que mentale. Lorsque vous sortez de la pièce qui vous sert de bureau, vous devez impérativement redevenir vous-même, pas le directeur des ventes de l'entreprise X ou Y. Votre ordinateur, s'il est portable ne changera pas de place, entendez par là que vous ne l'emporterez pas partout avec vous, histoire de finaliser un projet. Et, même si la journée ne s'est pas bien passée, que vous avez été en désaccord avec l'un de vos collaborateurs, tournez la page, ne serait-ce que pour ce soir. Vous risqueriez de voir la mine agacée de votre conjoint et de vos enfants qui veulent seulement, eux, se détendre. Soyez à nouveau l'homme ou la femme charmant et facile à vivre qui a fait votre réputation. Ne laissez pas votre travail empiéter votre vie privée.

L'HABIT FAIT LE MOINE

Télétravailler, c'est aussi pouvoir s'habiller comme on le désire, pyjama, jogging, short, tee-shirt, etc. Mais lors des visioconférences, il est hors de question de montrer une image de soi aussi décontractée ! On ne vous demandera pas, même s'il existe quelques exceptions, de revêtir votre plus beau costume, mais une chemise ou un chemisier convenable est obligatoire ! Les femmes devraient toujours se maquiller, même légèrement, les hommes se raser et se coiffer. Et puis, tenez-vous droit, ne vous affalez pas sur votre table de travail. L'avantage, on le sait, c'est qu'on ne verra à l'écran qu'une seule partie de votre corps, le haut ! Vous pouvez bien sûr faire comme bon il vous plaira pour le bas ! Un jean, un bermuda pourquoi pas si vous êtes absolument certain que cette tenue originale n'apparaîtra pas sur l'écran de vos interlocuteurs. Peut-être vous souvenez-vous de ce présentateur américain qui, caché derrière son bureau, avait mal dirigé la caméra de son ordinateur et croyait naïvement que personne n'apercevrait sa tenue complète : veste, cravate et… caleçon ! Il fut pour quelque temps la risée des téléspectateurs. Si vous voulez être pris au sérieux, vous savez ce qu'il vous reste à faire !

CORN
NOODLES

TROP C'EST TROP

On l'a vu le télétravail a bien des avantages. Restez chez soi, dormir plus longtemps, se faire de bons petits plats tout en travaillant. Mais n'en abusez pas ! Si on vous donne le choix de travailler chez vous ou au bureau, s'il n'existe pas de politique précise en la matière dans votre entreprise, sachez contrôler la situation. Rien ne remplace votre présence au sein de la société, ne serait-ce que pour une meilleure communication entre collègues. Votre absence, même si vous êtes virtuellement très présent, pourrait être mal interprétée : manque de motivation, d'assiduité, indolence, tout ce que vous n'êtes pas ! Partagez votre temps entre la maison et l'entreprise, profitez d'être dans votre service pour discuter face à face et non plus virtuellement avec vos collaborateurs, rien de mieux, rien de plus enthousiasmant que de se retrouver ensemble dans la même pièce. Vous pourrez alors avoir une vraie discussion, sans être empêché par le micro de l'un qui ne fonctionne plus ou l'ordinateur de l'autre qui est tombé en panne. La vie professionnelle ne se résume pas à des zooms ou à l'utilisation de Skype, le contact « réel » avec les autres est irremplaçable. Ne l'oubliez pas.

PLAÎT-IL ?

On l'a vu, les visioconférences ont des avantages mais aussi des inconvénients : ceux qui y participent sont, malgré eux, obligés de pénétrer votre intimité. Vous êtes chez vous et la vie ne s'arrête pas parce que vous êtes en réunion virtuelle. Aussi sachez appuyer sur le bouton « mute » de temps à autre. Quand, par exemple, vous n'avez pas à prendre la parole ! Ainsi, vous ne perturberez pas votre employeur qui se donne du mal pour vous expliquer à tous un projet important. Un bébé qui pleure, un enfant capricieux, une machine en mode essorage, un aspirateur bruyant ? Couper le son. N'oubliez pas de le rallumer lorsque c'est à vous de parler : rien de plus agaçant que de voir un collaborateur s'agiter et ne pas l'entendre. Attendez votre tour pour prendre la parole, on sait comme c'est un exercice difficile dans une réunion en présentiel quand une idée vous vient et que vous voulez la partager à l'instant même. C'est l'intérêt des visioconférences : vous avez coupé le son de votre micro et ne l'actionnerez seulement quand ce sera à votre tour de donner votre opinion. Quand vous vous taisez, ne faites pas autre chose, restez concentré, écouter ce que les autres ont à dire, ce n'est pas parce qu'on ne vous entend pas qu'on ne vous voit pas. Adoptez une bonne attitude, soyez respectueux, c'est tout de même la moindre des politesses.

NON À LA CULPABILITÉ !

Etes-vous certain de ne pas en faire un peu trop ? Votre peur de passer pour un paresseux, votre inquiétude de ne pas être assez présent devant votre ordinateur, vous fait culpabiliser, même lorsque vous vous levez deux minutes pour vous préparer un café. Or personne ne vous demande de rester continuellement devant votre table de travail. Pour remédier à ce sentiment de ne jamais en faire assez, discutez-en en amont avec votre employeur : revoyez ensemble les plages horaires de votre travail à la maison. Quand le planning sera précisé, il devrait être plus facile de quitter votre appartement quand vous en avez besoin sans avoir l'impression de trahir votre entreprise. Si vous culpabilisez sans cesse, vous risquez de tomber dans un piège : être trop disponible. Prenez les choses en main : votre supérieur vous appelle à 20 h 30 ? Ne répondez pas si vous faites autre chose, il attendra le lendemain matin. Vous n'aurez même pas à vous excuser. Ce ne sera pas considéré comme un manque de réactivité de votre part, mais un simple rappel à la réalité : vous n'étiez pas joignable à cette heure-là lorsque vous étiez physiquement présent dans la société, vous ne le serez pas non plus lorsque vous télétravaillez.

EN COUPLE

Travailler à deux dans une même pièce est à la fois courageux et dangereux ! Tout le monde n'a pas la chance d'occuper un appartement suffisamment grand pour s'isoler. Et vous voilà, ensemble, chacun le nez sur son ordinateur, entendant à peu près tout ce qui se passe dans la vie professionnelle de son conjoint. La situation sera sans doute moins difficile si chacun y met du sien. Avant tout, discutez ensemble des avantages et des inconvénients du télétravail « de promiscuité » ! Imposez-vous des règles : parler moins fort, ne pas discuter de problèmes personnels, ne pas se lever toutes les cinq minutes pour aller grignoter dans la cuisine. Prévenez votre partenaire si vous avez une visioconférence, il saura se faire discret, mieux, il ira faire un tour s'il lui est possible de s'absenter. Encore une fois, quand vous n'avez pas à prendre la parole, coupez le son de votre ordinateur. Vous devez parfois vous concentrer, votre conjoint aussi : ne l'interrompez pas en plein bilan comptable pour lui raconter la dernière histoire de votre ami Marc. Cela peut attendre. Si vous n'avez pas la même manière de travailler, si vous trouvez que votre conjoint n'explique pas correctement certains enjeux à ses collaborateurs, taisez-vous. Vous n'avez en aucune façon le droit de vous immiscer dans sa vie professionnelle. Sauf s'il vous le demande.

CAFÉ CROISSANT

UN PEU DE TENUE !

LA BONNE ADRESSE

ENCORE MERCI !

JUSTE UNE LARME

UN VERRE ÇA VA...

5.
LE BUREAU A-T-IL DES LIMITES ?

À TABLE !

ESPRIT D'ÉQUIPE

PUISSANCE INVITANTE

LES MURS ONT DES OREILLES

NOS VŒUX LES PLUS SINCÈRES

ET LA SANTÉ...

AVEC SON PATRON

MÊME À LA PLAGE

CAFÉ CROISSANT

Vous avez la chance d'être un lève-tôt. Rencontrer des clients à 8 heures du matin vous paraît la meilleure des idées : pas de temps perdu et une journée qui commence sous de bons auspices. Hélas ! Tout le monde n'est pas aussi enthousiaste : se lever aux aurores pour être à l'heure à un rendez-vous peut relever pour certains du cauchemar. Avant de proposer un petit déjeuner, choisissez un café proche du bureau de votre interlocuteur, et proposez un rendez-vous à une heure raisonnable. Évidemment, vous serez ponctuel, même en avance, hors de question de faire attendre celui qui a fait l'effort d'être frais et dispos pour vous. Enfin réunis, après les quelques civilités d'usage, attaquez assez vite le sujet dont vous devez discuter. Mais, si votre client commence une conversation sur le match de football de la veille, ne l'interrompez pas et intéressez-vous au but de Kylian Mbappé même si vous savez à peine qui est ce joueur ! Peu à peu, tâchez de changer de conversation pour arriver à parler affaires. Si votre invité regarde, même furtivement, sa montre, c'est sans doute le moment de mettre fin à cette discussion. Ne le retenez pas davantage, il ne s'ennuie pas avec vous mais a sans doute un gros dossier qui l'attend. Vous attendrez un autre petit déjeuner pour passer en revue un nouveau projet.

LA BONNE ADRESSE

Là encore, si vous êtes à l'origine de cette invitation à déjeuner, choisissez un restaurant proche de l'entreprise de votre convive. Il ne devrait pas faire des kilomètres pour vous y rejoindre. Demandez à votre invité s'il a ses habitudes quelque part ou surprenez-le en dénichant une petite brasserie dont on dit grand bien sur internet. Vérifiez peut-être qu'il n'est pas allergique au poisson cru avant de réserver (car oui, il faudra impérativement réserver une table) dans un restaurant japonais ! Sélectionnez de préférence un endroit calme qui vous permette de discuter agréablement de vos affaires en cours. Si vous connaissez déjà le lieu, demandez à être installé à cette petite table un peu à l'écart où vous avez vos habitudes. Si, en revanche, vous avez compris que votre interlocuteur compte vous inviter et vous laisse carte blanche pour choisir le restaurant, préférez toujours un bistrot délicieux mais abordable. Il serait très grossier de déjeuner dans un restaurant étoilé en sachant que c'est lui qui réglera l'addition ! Mais ne l'emmenez pas non plus dans un boui-boui infâme ! Trouvez la juste mesure et profitez du moment.

JUSTE UNE LARME

Un seul verre de côtes-du-Rhône dans le sang et vous n'êtes plus bon à rien pour le reste de l'après-midi. Et pourtant, il serait inconvenant de ne pas proposer du vin à votre invité. Il refusera peut-être et vous n'aurez pas à insister. Si, en revanche, il accepte avec joie votre suggestion, demandez-lui ce qu'il préfère : blanc, rouge, rosé ? Même si vous n'êtes que deux, ne commandez jamais une demi-bouteille. Ce format est un peu mesquin. Préférez un verre puisque tous les restaurants le proposent aujourd'hui. Ou peut-être un pichet si vous êtes certain que le côtes-du-Rhône est de qualité. Pour un invité de marque, il faudra peut-être faire servir une bouteille. Faites attention à vous si vous n'êtes pas un grand habitué des alcools. D'abord, vous pourriez parler un peu plus fort qu'à l'accoutumée puis faire des déclarations embarrassantes que vous regretterez bien vite d'avoir prononcées. N'oubliez jamais que l'alcool désinhibe et pourrait vous faire dire un peu n'importe quoi ! Quant à ceux qui croient « tenir l'alcool », sur qui il ne fait, paraît-il, aucun effet, souvenez-vous de cette publicité des années 1980 avant de finir la bouteille : « Un verre, ça va, trois verres, bonjour les dégâts… »

À TABLE !

Vous y avez vos habitudes ? Vous déjeunez toujours à la même table, toujours avec les mêmes collaborateurs ? Et si, justement, vous changiez un peu votre façon de faire. Le restaurant d'entreprise peut être un lieu de rencontres intéressantes, professionnellement, cela va sans dire, mais aussi, pourquoi pas, une manière sympathique de croiser de nouvelles têtes. Aussi, vous pouvez, sans craindre d'être un gêneur, demander la permission de vous installer à une table de collègues que vous ne connaissez pas si bien que ça. Ce sera pour vous un bon moyen d'élargir vos connaissances au sein de l'entreprise. Évitez de leur parler politique ou religion, ce n'est pas l'endroit. Mais c'est un moment de détente et vous pouvez les questionner sur leurs hobbies, leur week-end, leurs enfants… Soyez curieux des autres, c'est une preuve de courtoisie. Ne faites aucun commentaire sur les plats choisis par vos collègues. Et, si vous savez qu'Untel est au régime, inutile de lui expliquer que les frites sont riches en calories. Évidemment, lorsque vous allez chercher votre plat, soyez aimable avec le personnel. Vous n'oublierez jamais de les saluer et pourquoi pas de les féliciter pour l'excellent gratin déguster la veille. Et laissez la table propre après votre départ, c'est à vous de ranger votre plateau après vous en être servi, n'est-ce pas ?

PUISSANCE INVITANTE

Après un agréable moment autour d'une bonne table, vient le moment délicat de l'addition. Si vous avez l'intention d'inviter un client, mettez dès le départ les choses au clair en disant : « Bien entendu vous êtes mon invité ». Et, s'il proteste, sachez qu'il est seulement bien élevé mais qu'il vous laissera faire ! En tant qu'hôte, ne choisissez pas d'emblée le plat du jour, beaucoup moins cher que les mets du menu, même s'il vous fait très envie. Laissez toujours votre convive choisir ce qu'il veut avant vous. S'il est hésitant et si vous connaissez bien l'endroit, faites-lui des suggestions comme ce pot-au-feu délicieux, spécialité de la maison, mais laissez-le libre de décider ce qui lui fait le plus envie. Lorsque l'addition arrive, emparez-vous d'elle discrètement et, s'il vous plaît, ne la consultez pas attentivement. Posez votre carte de crédit sur la table et parlez vite d'autre chose. Ne criez pas à la cantonade, *« Pouvez-vous me faire une fiche pour deux menus avec la TVA ? »,* mais demandez-la à la dérobée au serveur. Et, si vous êtes invité, ne choisissez pas le plat le plus cher de la carte, sachant que, de toute façon, votre confrère sera remboursé par son entreprise. Ce serait absolument discourtois, voire navrant, de commander le homard Thermidor ! Et pourquoi pas du caviar pendant que vous y êtes.

LES MURS ONT DES OREILLES

Confortablement installé dans un restaurant avec un confrère, vous vous sentez en confiance. Vous connaissez votre interlocuteur depuis des années et savez que vous pouvez lui faire quelques confidences. Avez-vous pensé que dans ce bistrot somme toute banal, votre voisin de table est peut-être un proche de votre patron ? Et, tandis que vous dites tout le mal que vous pensez de votre supérieur, cet individu installé à côté de vous n'en perd pas une miette. Il faut le dire une bonne fois pour toutes, au restaurant, on ne donne aucun nom de famille, particulièrement lorsqu'on tire à boulets rouges sur un collaborateur ou sur un concurrent. Ne parlez jamais trop fort (on a vu que l'alcool fait monter d'un ton), on ne sait jamais. Pour les mêmes raisons, gardez-vous bien de vous moquer de votre société, de son manque de modernité, de son chiffre d'affaires à la baisse, etc. Au restaurant d'entreprise, si un collègue persifle, s'il est agacé par le nouveau directeur des ventes, faites-le gentiment taire. Qui sait si, autour de la table, des collaborateurs pensent, au contraire, qu'il fait parfaitement son travail. Jetez-lui un regard furtif mais réprobateur et changez vite de conversation, il devrait comprendre.

AVEC SON PATRON

Vous êtes à l'initiative de ce déjeuner ? Cela peut être un bon moyen, plus informel, d'exposer des idées qui vous tiennent à cœur. Mais ne partez pas à ce rendez-vous les mains dans les poches. Vous devez au préalable avoir réfléchi et même listé, ce que vous voulez proposer. Vous aurez peut-être le trac, aussi pour entrer rapidement dans le vif du sujet, mieux vaut être non seulement sûr de soi mais aussi préparé. Choisissez un restaurant pratique pour tous les deux et bien entendu laissez votre supérieur choisir le jour et l'heure qui lui convient. Et ne soyez pas en retard ! Même s'il est chaleureux, n'oubliez pas qu'il est votre patron : vous devez vous interdire toute question indiscrète. N'attendez pas la toute fin de ce déjeuner pour exprimer la raison pour laquelle vous avez voulu ce tête à tête, mais passez rapidement à l'action. Écoutez attentivement ce que votre patron vous répondra sans jamais l'interrompre. Et, s'il n'est pas d'accord avec vous, s'il refuse un projet sur lequel vous fondiez beaucoup d'espoir, ne vous braquez pas. Restez souriant et attendez quelques semaines avant de relancer le sujet. Il voudra sûrement régler l'addition, ne le laissez pas faire, même si vous êtes déçu par cette rencontre, pour une fois c'est vous la « puissance invitante » !

UN PEU DE TENUE !

Récapitulons, même si vous devez savoir tout cela. Première chose : on ne dit pas *« Allons manger »* mais *« Allons déjeuner »*. Lorsqu'on s'assoit autour d'une table de restaurant (et partout ailleurs), on dépose immédiatement sa serviette sur ses genoux (et on l'utilise après avoir bu et après chaque bouchée). On se tient droit, les mains sur la table. On ne sale pas ses plats avant même de les avoir goûtés. Le couteau est à utiliser avec parcimonie : on ne s'en sert pas pour couper la salade, les pâtes, les asperges ou le foie gras ! On ne le met jamais dans la bouche pour manger du fromage. On n'incline pas son assiette pour finir une soupe et on ne fait pas de bruit en l'avalant ! On sert sa voisine de vin (une femme ne devrait jamais toucher une bouteille de vin quand elle est accompagnée d'un homme). Lorsqu'on a fini son plat, on pose ses couverts parallèlement sur son assiette, on ne les fait pas tenir en équilibre de chaque côté de cette même assiette. Nous ne vous ferons pas l'affront de vous rappeler de fermer la bouche en mangeant. On est toujours aimable avec les serveurs même s'ils se font attendre. En conclusion : au cours d'un déjeuner professionnel, mieux vaut savoir se tenir parfaitement. Ne pas connaître ces quelques règles de base, pourrait, sachez-le, vous desservir.

ENCORE MERCI !

Un confrère vous a invité à déjeuner ? Remerciez-le chaleureusement. Même si vous avez passé un très mauvais moment ! Il ne suffit pas de dire merci en prenant congé. Il faut impérativement écrire un mot pour exprimer votre reconnaissance quelques heures plus tard, éventuellement le lendemain (mais pas une semaine après). Un texto peut suffire, quelques mots amicaux et le tour est joué. On peut aussi envoyer un mail un peu plus long, récapitulez divers points évoqués lors du déjeuner et finir par cette formule : *« Encore mille mercis pour ce bon moment. J'espère avoir l'occasion de vous revoir prochainement. Amitiés. »* Évitez de remercier « pour le déjeuner », on aura l'impression que vous parlez davantage de l'addition, donc de l'argent dépensé, que du temps passé ensemble. Sachez que remercier après un déjeuner professionnel est indispensable. Cela devrait être un automatisme. Si d'aventure, vous avez oublié de le faire et vous en apercevez bien trop tard, invitez à votre tour ce confrère et dites-lui, d'un air enthousiaste, comme vous étiez heureux de votre dernière rencontre ! Ne pas remercier peut également signifier que ce déjeuner ne vous a pas laissé un grand souvenir. Rien de plus vexant pour celui qui vous a gentiment convié !

UN VERRE ÇA VA...

L'article R4228-20 du code du travail stipule qu' *« aucune boisson alcoolisée autre que le vin, la bière, le cidre et le poiré n'est autorisée sur le lieu de travail »*. Vous voilà prévenu ! Soyons honnête, l'alcool et le travail ne vont pas très bien ensemble. Pourtant, dans certaines entreprises, tout est bon pour célébrer un événement quel qu'il soit. Il est toujours difficile de refuser de participer à ce genre de petite fête surtout lorsqu'on veut s'intégrer au mieux. Faites tout de même attention à votre réputation : les bruits de couloir circulent à toute vitesse et vous ne voulez sûrement pas passer pour celui qui boit plus que de raison. Au bureau, plus que nulle part ailleurs, buvez avec parcimonie. Levez votre coupe de champagne en l'honneur de l'anniversaire de Michel mais n'engloutissez pas la bouteille ! Pour vous dissuader, rien de plus facile : regardez vos collaborateurs qui soudain crient plutôt qu'ils ne parlent, racontent des histoires vaseuses, tentent de charmer l'assistante du patron, et vous comprendrez bien vite quelle attitude adopter. Si vous apercevez un collègue titubant, soyez assez généreux pour le convaincre de rentrer chez lui, mieux raccompagnez-le. Il vous en sera sûrement reconnaissant.

ESPRIT D'ÉQUIPE

Certains les redoutent : partir loin de chez soi avec ses collaborateurs peut effectivement être une source d'angoisse. Il est pourtant facile de reconsidérer les séminaires, de les appréhender avec bonne humeur. D'abord, il ne faut jamais oublier que séminaire et vacances ne sont pas synonymes. Même si vous êtes dans un cadre idyllique, vous êtes là pour travailler, nous vous le rappelons. Aussi serez-vous à l'heure aux réunions et, même si vous êtes au bord de la mer, vous serez vêtu convenablement (évitez donc d'apparaître en paréo) en tout cas tant que vous serez au travail. Les séminaires sont une manière de stimuler l'esprit d'équipe : ne restez pas dans votre coin et participez à toutes les activités proposées, même celles qui vous ennuient d'avance. Si c'est vous l'organisateur, faites en sorte que tout le monde y trouve son compte, surtout celui qui ne dit pas un mot et a l'air de s'ennuyer à mourir. Vous devez le convaincre de jouer le jeu. Sachez allier réunions professionnelles et une certaine décontraction, c'est le but. Riez ensemble lors d'une compétition et ne soyez pas agacé de l'avoir perdue. Vous n'êtes pas ici pour prouver que vous êtes le meilleur, mais pour signifier votre capacité à intégrer le groupe.

z z

NOS VŒUX LES PLUS SINCÈRES

Ils sont parfois secrets, entendez que certains n'ont aucune envie d'être célébrés le jour de leur anniversaire. D'autres adorent ça et profitent du jour de leur naissance pour organiser un verre dans leur service. Si c'est le cas, vous n'échapperez pas au fameux cadeau commun. Ne vous demandez même pas si vous devez y participer. La réponse est oui, cent fois oui. Et même si vous pensez que Michel ne mérite pas d'être fêté, gardez votre opinion pour vous. Ne soyez pas mesquin et donnez une somme raisonnable à celui qui s'occupe de réunir l'argent. Dans le cas contraire, votre réputation de radin sera faite et l'avarice est un défaut unanimement méprisé, sachez-le ! Il se peut que ce soit un anniversaire important, un chiffre rond… Si vous êtes proche de l'heureux élu, ce sera à vous de trouver le présent idéal. Quand vous aurez une idée, envoyez à tout le service un e-mail pour expliquer ce que vous voulez acheter et les remercier par avance pour leurs dons ! Attendez d'avoir reçu la somme complète avant de vous lancer dans vos achats, vous risqueriez sinon de rajouter l'argent qui manque. Et si c'est le cas, ne le répétez à personne. Votre collaborateur ne doit pas savoir que vous être un donateur un peu plus généreux que les autres… Votre discrétion vous honore.

ET LA SANTÉ...

Ne pensez pas pouvoir y échapper ! La fête de fin d'année au bureau est chaque année organisée, c'est une joyeuse tradition et, même si ce genre de soirée ne vous emballe pas plus que ça, vous devez à tout prix être présent. Vous passeriez sinon pour ce collaborateur hautain et méprisant qui n'a aucune envie de partager un bon moment avec ses collègues. Au contraire, profitez de ces occasions décontractées pour converser avec tout le monde. Tout le monde, c'est-à-dire l'hôtesse d'accueil que vous connaissez à peine et à qui vous pourrez poser des questions, votre patron avec qui vous ne discuterez pas de dossiers difficiles, mais de bien d'autres choses, Untel avec qui vous avez des relations difficiles : cette soirée sera une trêve bienvenue et pourquoi pas un moyen de relativiser vos conflits. C'est le moment de vous montrer sous votre meilleur jour : sympathique, curieux des autres, serviable, drôle. On l'a vu l'alcool peut vous jouer des mauvais tours : n'en abusez pas et restez quoi qu'il arrive respectueux et discret. Tâchez de ne pas parler uniquement de travail ce soir-là, certains veulent seulement s'amuser et ce n'est pas en détaillant vos déboires avec un client qu'ils se sentiront détendus.

MÊME À LA PLAGE

C'est un désagrément dont on se passerait bien : en peine séance de bronzage sur une plage de sable blanc, votre portable sonne : un collaborateur a besoin de vous. Comment réagir ? En ignorant l'appel ? Certains ont décidé qu'il était hors de question d'être dérangé. Mais, avouez-le, une petite inquiétude risque de vous titiller toute la journée. D'autres répondront aimablement, éviteront de prendre un ton désagréable, quand l'interlocuteur s'excusera platement pour cet appel impromptu. S'il ne le fait pas, s'il vous parle directement d'un problème en sachant parfaitement que vous êtes en vacances, c'est un malotru. Écoutez ses doléances tout en lui précisant où vous êtes. Et dites-lui que vous vous occuperez du problème en rentrant de Dinard. Il existe toujours des urgences dans la vie professionnelle (et souvent quand on est à plus de 1 000 kilomètres du bureau !) et il faut parfois accepter d'être importuné. Le tout est de ne pas passer ses journées, agrippé à son portable. Ne devenez pas un de ces *« work addict »,* qui gâche la quiétude de sa famille et de ses amis. Préparez en amont vos dossiers avant de partir, rappelez à votre service que vous ne serez pas ou difficilement joignable, et qu'il devra faire en sorte de ne pas interrompre vos vacances inutilement.

6. TOUS ENSEMBLE

EN AMONT

PARDON, JE FILE

B-R-A-V-O !

CHACUN SON TOUR

BONNE FIGURE

VOUS VOUS CONNAISSEZ ?

GÉNÉRATION PORTABLE

OUI ? NON ?
D'ACCORD !

TERRAIN D'ENTENTE

TOUT LE MONDE
EST AU COURANT ?

CECI NE NOUS
REGARDE PAS

JE VOUS DEMANDE
VOTRE ATTENTION

IMPOSSIBLE
N'EST PAS FRANÇAIS !

KÉSAKO ?

COMBATTRE
LE HARCÈLEMENT

TICS EN TOC

MÊME PAS MAL

ÇA MÉRITE BIEN
UNE PETITE PRIME... ?

EN AMONT

On connaît ces collaborateurs et leur fâcheuse tendance à lever les yeux au ciel dès le mot *« réunion »* prononcé ! Sans doute ont-ils participé à ces longs, bien trop longs, rendez-vous entre collaborateurs, où rien ne se dit vraiment, et qui, d'après eux, ne sert pas à grand-chose si ce n'est à perdre son temps. C'est le moment de leur prouver le contraire en préparant méticuleusement la réunion que vous allez organiser. Vous devez ainsi être clair, structuré et convaincant, bref, il faudra faire passer des messages et, plus que tout, captiver l'attention. Procédez par ordre et, si vous avez peur d'oublier quelques points importants, notez-les : quels sont les problèmes rencontrés ? Michel pourrait-il nous expliquer où en est tel projet ? Récapitulez en termes choisis les nouveaux défis qui vous attendent. Vérifiez que vous avez emporté avec vous tous les documents nécessaires, ce serait discourtois de devoir sortir de la salle pour les récupérer dans votre bureau. Vos collègues doivent quitter la réunion en ayant appris quelque chose d'utile pour leur travail. Pensez-y avant de leur envoyer un e-mail précisant la date, l'horaire et le lieu où celle-ci se déroulera. Ils n'auront donc pas l'excuse de ne pas s'y rendre !

CHACUN SON TOUR

Etre au centre du débat, conduire les discussions, ne veut pas dire faire preuve d'autorité. En tous les cas pas systématiquement ! Vous devez être une sorte de maître de cérémonie, vous efforcez de donner (et de reprendre) la parole et ne jamais laisser s'installer un terible brouhaha. Prenez l'exemple des émissions politiques à la télévision et vous comprendrez de quoi il s'agit ! Vous ne devez pas non plus monopoliser la parole. Même si vous êtes un brillant orateur, vous n'êtes pas là pour raconter seulement vos projets mais pour également écouter ceux des autres. Commencez par expliquer l'ordre du jour puis questionner vos collaborateurs les uns après les autres. Certains d'entre eux ont un peu de mal à parler en public, mettez-les en confiance en les félicitant par exemple pour un dossier parfaitement traité. S'il vous semble qu'une explication n'est pas claire, c'est qu'elle est floue aussi pour les autres ! Ajoutez : *« Peux-tu, s'il te plaît, préciser ta pensée ? »,* vous pousserez ce collaborateur un peu confus à fournir des arguments plus précis. Si l'attention retombe, c'est peut-être que la réunion est trop longue. Mettez-y fin et n'oubliez pas de remercier vos collègues de vous avoir accordé un peu de leur temps.

VOUS VOUS CONNAISSEZ ?

Des personnes étrangères à l'entreprise peuvent parfois participer à vos réunions. Elles ne sont connues que de vous et cette situation ne doit pas durer trop longtemps. Pour le confort de tous, présentez vos équipes à ces nouveaux interlocuteurs le plus rapidement possible afin d'éviter une espèce de malaise, situation très répandue dans ce contexte. Rappelons les bases de la présentation : la personne que vous connaissez à peine, que vous voulez honorer, ou qui est le plus âgé, doit savoir en priorité qui est celui qui lui fait face. Vous direz donc : *« Monsieur, puis-je vous présenter Marc Durand, notre directeur des ventes. Marc, voici M. Martin, le président de la société Unetelle. »* Car oui, vous ne prononcerez pas uniquement le nom de Monsieur Martin ou de Marc Durand, vous devez donner aussi leur profession afin que chacun sache à qui il a affaire. Inutile cependant d'énoncer le curriculum vitae complet des uns et des autres ! Souvenez-vous qu'on ne dit pas simplement *« Enchanté »* mais *« Je suis ravi de faire votre connaissance »* ou *« Je suis enchanté de vous connaître »*. Si chacun sait qui est qui, si de nouvelles têtes ont enfin une identité, les relations seront grandement facilitées.

OUI ? NON ? D'ACCORD !

On ne peut pas faire l'unanimité. Et celui qui pense le contraire, se trompe ô combien ! Lors d'une réunion, vous avez peaufiné votre discours, vous pensez vos arguments irréfutables. Hélas, tout le monde n'est pas de votre avis. Des désaccords peuvent apparaître, des oppositions sur certains sujets mis en évidence. Il est important de comprendre ce qui ne va pas. Écoutez attentivement ce que vos collaborateurs ont à dire, la contradiction est une richesse, pas forcément une attaque en règle. Si vous laissez la parole aux autres sans les interrompre, si vous notez ce qu'il vous reproche à vous ou à l'entreprise, vous serez plus à même de régler les conflits. Tout cela est plus facile à dire qu'à faire, bien entendu. Mais une fois encore votre courtoisie, même si elle sera mise à rude épreuve, vous sera d'un grand secours. Gardez votre calme, inutile d'élever la voix, répondez calmement aux arguments des uns et des autres, vous trouverez plus facilement dans la sérénité une solution aux problèmes. Si, au contraire, vous n'acceptez pas la contradiction, attendez-vous à devoir vous confronter constamment aux autres. Le meilleur moyen pour échouer dans votre travail.

TOUT LE MONDE EST AU COURANT ?

C'est un reproche qu'on entend très souvent au sein d'une entreprise : des collaborateurs sont agacés de ne pas avoir eu une information ou de l'avoir obtenue trop tard. Après une réunion, faites donc le bilan par écrit de ce qui s'est dit. Soyez concis mais clair et organisé. Puis, envoyez votre récapitulatif par e-mail à qui de droit. Si un de vos collègues se plaint de ne pas être au courant d'un dossier, vous aurez la preuve écrite qu'il est de mauvaise foi ! Dans n'importe quelle situation, il faut impérativement faire passer les informations et ne jamais les garder pour soi. Vous êtes une équipe et chacun de ses membres doit savoir ce qu'il se passe dans la société. Attention ! N'abreuvez pas les autres d'e-mails très détaillés sur vos faits et gestes ! Plus personne ne vous lira, soyez-en sûr. Et vous passerez bien vite pour un casse-pieds ! Sachez reconnaître les informations indispensables et les autres. Certaines personnes ont, au contraire, un terrible défaut : le goût du secret. Sans doute pensent-elles être supérieures au commun des mortels simplement parce qu'ils connaissent une donnée ignorée des autres. Attitude sans fondement, et pour tout dire, navrante. C'est en tout cas le meilleur moyen d'être isolé dans l'entreprise, pire d'être stigmatisé.

JE VOUS DEMANDE VOTRE ATTENTION

Les réunions ne devraient jamais se tenir trop tôt le matin ou trop tard le soir. Se concentrer quand on vient à peine de se réveiller ou quand on n'a pas cessé de courir d'un bureau à l'autre toute la journée, est une épreuve. Or, ne serait-ce que par courtoisie, ne serait-ce que par respect, vous devez à tout prix être à l'écoute. Et cela, même si le sujet abordé ne vous concerne pas personnellement. Ne regardez pas ailleurs ou dans le vide, quand Marc fera le bilan de son dernier dossier auquel vous n'avez pas participé. Ne jetez pas un œil, même discret, à votre portable. Et, si vous avez reçu un texto ou un e-mail, vous le lirez plus tard, pas pendant le laïus de Marc. Sinon, tout le monde comprendra que vous vous moquez comme d'une guigne des travaux de vos collaborateurs. Quelle mauvaise image vous renverriez ! Inutile de vous préciser que vous ne regarderez pas non plus votre montre et que, si vous ne pouvez vraiment pas vous en empêcher, vous baillerez discrètement. Ne faites pas des messes basses avec votre voisin de tablée au risque d'importuner l'assemblée. Ne ricanez pas à la moindre occasion, vous n'êtes pas dans une classe de CM1. Bref, restez concentré quoi qu'il vous en coûte, c'est la moindre des politesses.

KÉSAKO ?

Souvenez-vous de votre dernière visite chez le médecin. Ce dernier, professionnel, vous explique par le menu les problèmes que rencontre votre genou. Seulement voilà, vous n'avez pas bien compris ce qu'était une gonarthrose, encore moins un ostéophyte. C'est à peu près ce que ressentent vos interlocuteurs lorsque vous vous lancez dans un exposé sur l'utilité d'un *« go/no go »* ou d'un *« REX »*. Ils n'y comprennent que pouic et ont le droit de vous en vouloir. Sachez qu'il est grossier d'utiliser des termes incompréhensibles, des mots techniques, pour vous exprimer à l'extérieur de votre entreprise. Vous voulez passer pour un grand professionnel ? Vous pensez que ces mots de vocabulaire nébuleux vous rendent important ? Grave erreur, vous ne faites qu'agacer tout le monde, pire, on se moque certainement de votre prétention dès que vous avez le dos tourné. Par respect pour ceux qui ne travaillent pas avec vous, des clients ou tout simplement des amis, soyez assez courtois pour ne prononcer que des phrases intelligibles. Ainsi, l'assistance n'aura pas l'impression d'être plus bête que vous. En revanche, certaines sociétés ont leur vocabulaire propre, parfois alambiqué, mais il faut le connaître. Vous l'emploierez alors uniquement pendant vos heures de bureau, pas ailleurs.

TICS EN TOC

Le mot « oui », aussi joli soit-il, a disparu de notre vocabulaire. Aujourd'hui, il est remplacé par « tout à fait », voire « absolument ». Une mode bizarre qui ne fait qu'empirer. Ce « tout à fait » est un tic de langage au même titre que le terrible et désastreux « Pas de soucis », expression qu'il va falloir vous sortir de la tête dans les plus brefs délais. On vous fait grâce des « c'est clair », « c'est clairement ça », des « que du bonheur » ou autres « au jour d'aujourd'hui », formule hideuse et impropre. Ces tics de langage sont pour la plupart dus à la télévision et à la radio, deux médias qui influencent grandement notre façon de parler. Comme les enfants et les adolescents dont nous nous inspirons consciemment ou pas. Ne dites-vous jamais « c'est trop bien » ? Pensez-vous ainsi paraître plus jeune ? Raté, passé 30 ans, vous êtes seulement un peu ridicule. Changez tout ! Prenez une grande décision, celle de vous exprimer convenablement, d'enrichir votre vocabulaire. Vous renverriez alors l'image d'un homme (ou d'une femme) élégant, cultivé, lettré, et on ne vous en respectera que davantage. Vous contaminerez peut-être vos collaborateurs. Ces derniers ne vous diront plus « belle journée » mais tout simplement « bonne journée », comme il se doit !

PARDON, JE FILE

Une réunion qui s'éternise et vous voilà déjà en retard à un rendez-vous. Situation classique et souvent très embarrassante que vous auriez dû prévoir. Si vous êtes à peu près certain de devoir quitter la salle avant la fin de la réunion, dépêchez-vous de prévenir l'organisateur. Excusez-vous platement sans lui fournir de trop longues explications, il a sûrement autre chose en tête. Et, quand le moment sera venu de partir, attendez peut-être la fin d'un débat pour vous lever discrètement. Ne présentez pas vos excuses à voix haute, pas de « vraiment désolé » à la cantonade, l'assemblée a bien compris que vous ne pouviez pas faire autrement, disparaissez le plus discrètement possible, puis fermez la porte délicatement. On doit vous avoir oublié sur-le-champ, personne ne doit faire de réflexions sur votre soudaine absence. Tâchez de ne pas renouveler l'expérience,la prochaine fois vous devrez faire ce qu'il faut pour être présent du début à la fin. Pour être parfaitement courtois, vous pouvez, dès le lendemain, écrire un mot à l'organisateur de la réunion pour lui exprimer vos regrets de n'avoir pas pu y participer jusqu'au bout.

B-R-A-V-O !

Curieusement, il est toujours plus facile de féliciter un membre de sa famille qu'un membre de son équipe ! On rechigne parfois dans la vie professionnelle à dire à un collaborateur comme il a été performant et on a tort ! En effet, votre reconnaissance sera le meilleur moyen de le motiver. Attention toutefois de ne pas en faire trop et de ne pas confondre félicitations et flatterie : on a vu ces flagorneurs qui ne cessent de congratuler les autres (particulièrement leurs supérieurs), espérant ainsi s'attirer leurs bonnes grâces. En revanche, si vous savez que l'un de vos clients a obtenu une promotion, il serait courtois de lui envoyer un mot pour le complimenter. Un e-mail peut-être, mais mieux encore un petit mot écrit à la main. Il en sera touché et vos relations seront ainsi bien plus cordiales. Si vous menez un travail d'équipe et que vous avez mené à bien une opération difficile, félicitez bien sûr tous vos collaborateurs et ne récoltez jamais seul les lauriers. Ce serait d'une rare inélégance. Enfin, lorsque l'on vous signale un mariage prochain ou un heureux événement, déplacez-vous personnellement pour féliciter votre collègue. Rien ne remplace quelques mots simples et sincères prononcés de visu.

BONNE FIGURE

On l'a souvent répété : on ne mêle pas sa vie privée et sa vie professionnelle. Plus facile à dire qu'à faire. Il peut arriver que vous ayez des problèmes familiaux par exemple et il vous paraît impossible de vous lester de ce lourd fardeau en arrivant au bureau. Pourtant, vous devez montrer bonne figure et ne pas afficher votre mauvaise humeur. Vos collaborateurs n'ont pas à pâtir de ces ennuis qui, nous vous le rappelons, ne les regardent pas. Oui, il faut être d'humeur égale au bureau, demeurer aimable avec tous même si vous n'avez qu'une seule envie : fuir et rentrer chez vous ! Votre courtoisie doit être la plus forte. Rien de pire que ces lunatiques : aimables le lundi, désagréables le mardi, pour des raisons inconnues. On ne sait jamais sur quel pied danser avec ces énergumènes qui sèment une espèce de panique dans les services. La vie au bureau est parfois tumultueuse, les tensions nombreuses, montrez à tous votre sens inné de la politesse en ne hurlant sur personne à la moindre occasion, en ne boudant pas quand vous n'êtes pas d'accord avec la direction et en ne râlant pas pour des détails. Usez plutôt de votre flegme proverbial même quand vous devez vous rendre à l'autre bout de la ville pour un rendez-vous un peu trop matinal. Souriez, on vous en sera reconnaissant !

GÉNÉRATION PORTABLE

Sans doute la plus géniale des inventions ! Mais aussi la pire... Tout dépend de la manière dont vous utilisez votre téléphone portable. Il peut être une calamité pour les amateurs de savoir-vivre si vous en usez de manière compulsive. Lors des réunions par exemple : tandis que l'un de vos collaborateurs se donne beaucoup de mal à expliquer un problème épineux, un autre passe son temps devant le minuscule écran de son téléphone. Une attitude terriblement grossière ! Même chose en rendez-vous, nous vous rappelons que vous devez être tout à votre interlocuteur, le regarder droit dans les yeux lorsqu'il vous parle. Jetez un œil sur son portable à ce moment précis est le comble de la muflerie. Enfin au restaurant, les téléphones devraient être interdits ! Vous êtes à cette table pour en apprendre sur les autres pas pour vous enfermer dans votre univers. Il est pourtant facile de ne pas paraître discourtois : éteignez votre portable lorsque vous n'êtes pas seul. Le monde continuera à vivre sans vous, n'ayez crainte. Nous l'avons déjà dit : n'appelez pas vos collaborateurs à n'importe quelle heure du jour et de la nuit. Ce n'est pas parce qu'on est plus facilement joignable que l'on peut se permettre de déranger les gens à tout bout de champ.

TERRAIN D'ENTENTE

La timidité, la peur de la polémique vous font parfois hésiter avant de parler à un confrère qui vous a déçu. Pourtant, il est toujours mieux d'exprimer frontalement ses doléances et de se libérer ainsi d'un poids. Plus vous attendrez, plus ce petit différend va grandir et finira un jour ou l'autre par exploser. Ne pas être d'accord, avoir l'impression d'être trahi ne peut pas rester sous silence. Donnez rendez-vous à ce collègue au café ou dans un endroit neutre et expliquez-lui clairement mais calmement ce qui vous turlupine. S'il est intelligent, il devrait répondre à vos questions tout aussi sereinement et ensemble vous devriez trouver un terrain d'entente. S'il s'énerve, laissez tomber l'affaire. Vous n'arriverez à rien avec cet individu, mais faites en sorte de ne plus collaborer avec lui si cela vous est possible. Parfois, ce ne sont que des broutilles qui vous agacent chez les autres. On le sait, ces petits riens peuvent devenir des obsessions ! Si votre voisin de bureau parle trop fort, et vous empêche de vous concentrer, dites-lui gentiment de baisser d'un ton ! Si vous n'oubliez pas de sourire ni de faire preuve de courtoisie, il ne vous en tiendra pas rigueur, mieux il vous remerciera de lui en avoir touché un mot !

CECI NE NOUS REGARDE PAS

Vous avez l'art de la diplomatie, on vient parfois vous voir pour régler un conflit ? Formidable ! Mais sachez que vous ne pouvez pas toujours vous mêler de tout. Particulièrement lorsque deux collaborateurs se chamaillent sur un sujet qui ne vous concerne pas. Laissez-les se débrouiller ! Vous ne pouvez en aucun cas intervenir pour un oui ou pour un non quand vous ne connaissez rien à l'affaire qui fait trembler les murs. De diplomate aguerri vous passeriez pour un fouineur. La promiscuité de la vie de bureau provoque d'inévitables tensions, si vous calmez le jeu dans tous les services de votre entreprise, vos journées vont vous paraître longues ! N'attisez pas non plus la colère d'un collègue, déçu, par exemple, de ne pas avoir été augmenté. Vous pouvez bien entendu lui exprimer vos regrets, mais n'entrez pas dans son jeu. Et naturellement, vous refuserez de crier avec les loups si l'un des membres de votre service se transforme en bouc émissaire. Ce serait évidemment contraire à vos principes. Vous ne passerez pas pour un lâche ou pour un traître parce que vous vous excluez d'une polémique. Restez au-dessus de la mêlée, sauf bien sûr quand il s'agit d'une injustice. Dans ce cas-là, foncez…

IMPOSSIBLE N'EST PAS FRANÇAIS !

La pression, le stress, une surcharge de travail et voilà que vous broyez du noir. Vous n'y arriverez jamais, vous ne finirez jamais à temps… On connaît tous ces petits moments de désespoir qui, si vous positivez, ne durent jamais très longtemps. Essayez de penser à votre fierté quand vous aurez accompli l'impossible ! Et surtout, n'écoutez pas les collaborateurs systématiquement négatifs. On connaît tous ces individus qui, avant même de commencer un travail, maugréent déjà. Ou ceux qui râlent avant d'exécuter une tâche. Qui vous demandent à quoi sert cette réunion. Halte-là ! Stoppez-les net dans leur élan et refusez une telle diatribe. Ceux qui réussissent sont ceux qui vont de l'avant, qui transforment un travail ingrat en opportunité, celle de faire des rencontres intéressantes, de s'ouvrir à d'autres univers, il existe forcément des raisons pour positiver. Faites preuve de bonne volonté, écoutez attentivement ceux qui ont l'air désarçonnés et démontez leur discours en leur rappelant qu'ils ont déjà été capables de bien des miracles. Si, de toute évidence, vous n'arrivez pas à les faire sortir de leur torpeur, demandez-leur comment eux s'y prendraient pour finaliser tel projet. S'enquérir de leur avis pourrait changer la donne.

MÊME PAS MAL

Vous n'y couperez pas. Durant votre vie professionnelle, vous aurez à supporter des conflits avec des collaborateurs, mais aussi avec des clients. Si vous recevez un e-mail désagréable de l'un d'eux, s'il critique votre façon de travailler, ne répondez surtout pas sur-le-champ. Vous êtes en colère et vous pourriez écrire des choses regrettables. Attendez un peu, allez souffler, faites baisser la pression. Puis, réfléchissez à ce que vous allez répondre. Faites peut-être un brouillon en pointant un à un les reproches qu'il vous fait et tâchez de répondre précisément à chacune de ces attaques. Restez courtois, vous en sortirez grandi, en utilisant une formule de politesse pour conclure le message. C'est un peu la même chose, lorsqu'un collaborateur vous invective au sein de l'entreprise. Avant de riposter, demandez à « l'attaquant » de bien vouloir venir dans votre bureau pour vous retrouver seuls. Vous devez régler cette affaire en tête à tête. Là encore, faites attention à ce que vos mots ne dépassent pas votre pensée. Soyez ferme mais respectueux. Rappelez-vous que ce collègue n'est pas de passage, mais que vous allez le croiser de nombreuses années ! N'aggravez pas la situation mais apaisez les esprits et expliquez-vous posément.

COMBATTRE LE HARCÈLEMENT

La loi punie sévèrement le harcèlement professionnel qu'il soit moral ou sexuel. Si vous êtes témoin de ce genre d'agissement, il est impossible de ne pas agir. Même pour quelques gestes déplacés, vous devez aller trouver celui qui s'est comporté de manière dénigrante. Lui expliquer qu'il doit impérativement cesser ses agissements indignes. Si vos arguments n'ont eu aucun effet, si la situation se répète, il est indispensable d'avertir vos supérieurs. Sachez que vous êtes protégé par la loi, on ne pourra jamais vous licencier pour avoir porté secours à un collaborateur. Ne réagissez pas comme ces salariés pour qui, « à chacun ses problèmes, à chacun de se débrouiller pour les résoudre ». Malheureusement, le harcèlement peut être si traumatisant, si lourd à vivre, si dégradant, que les forces manquent pour se défendre. Soyez attentif, osez prendre parti, ne laissez pas votre collègue s'enfoncer dans une espèce de torpeur. Bien au contraire, entourez-le, faites preuve de bienveillance, revalorisez-le, laissez-le vous parler et écoutez sa souffrance. Ce sera un premier pas, bien modeste, mais nécessaire. Il doit savoir que vous le soutiendrez jusqu'au bout, c'est-à-dire jusqu'à la plainte qu'il ne manquera pas de déposer.

ÇA MÉRITE BIEN UNE PETITE PRIME… ?

Avouez que vous vous en passeriez bien ! Demandez une augmentation est une étape difficile, pas très réjouissante, surtout si vous faites partie de ceux qui détestent parler argent. Il va vous falloir prendre votre courage à deux mains pour prendre rendez-vous avec votre supérieur. Attention, avant de vous lancer, préparez vos arguments : faites la liste de vos bons résultats, les objectifs réalisés… Choisissez le bon moment : si l'entreprise a des difficultés, attendez un peu avant de vous lancer dans une négociation. N'imaginez pas non plus doubler votre salaire ! Renseignez-vous sur celui que vous croyez mériter et ne tentez pas le diable. Le jour J, soyez calme et détendu, souriant bien sûr, et faites votre demande rapidement, bref, ne tournez pas autour du pot ! On sait que l'appréhension provoque parfois de l'agressivité, une façon inconsciente de se protéger mais une très mauvaise manière de parvenir à ses fins. Non, soyez aussi courtois qu'à votre habitude, même si vos exigences sont refusées. Ce sera peut-être pour une autre fois. Si, au contraire, vos souhaits sont réalisés, remerciez votre supérieur à l'oral bien sûr, mais aussi en lui écrivant un e-mail pour lui exprimer votre reconnaissance.

FIC
INTE

SANS RANCUNE

CADEAU D'ADIEU

ÉLÉGANT JUSQU'AU BOUT

TOUT EST BIEN QUI FINIT BIEN

7. BYE BYE

CHAMPAGNE !

ET APRÈS...

QUE DE BONS SOUVENIRS !

SANS RANCUNE

Vous avez finalisé votre départ et vous voici en préavis. Pendant deux ou trois mois, vous continuerez à travailler au sein de l'entreprise. Et c'est le moment de montrer à tous votre proverbiale élégance ! Continuez durant cette période à être aussi efficace qu'auparavant et, bien entendu, aussi courtois. Vous ne serez sans doute plus responsable d'un nouveau dossier, poursuivez toutefois votre travail comme si de rien n'était. Comprenez que la vie professionnelle continue même si vous connaissez la date de votre départ. Tâchez, même si c'est difficile, d'être motivé et ne flemmardez pas devant votre bureau en pensant que, de toute façon, votre présence est inutile. On vous demandera peut-être de former votre remplaçant, mettez tout en œuvre pour lui expliquer le b.a.-ba de vos différentes tâches, présentez-le à vos collaborateurs, soyez à sa disposition s'il a des questions. Ne vous plaignez jamais devant lui de vos supérieurs, même si vous avez des choses à dire, au contraire, délivrez-lui une bonne image de l'entreprise. Pour vous, comme pour les autres, faites preuve de savoir-vivre avant de définitivement tourner la page. Qui sait si, dans vos prochaines fonctions, vous ne collaborerez pas avec votre ancienne société !

ÉLÉGANT JUSQU'AU BOUT

Pour différentes raisons, vous désirez quitter votre entreprise. Espérons pour vous que la situation se déroule sous les meilleurs auspices. Peut-être profiterez-vous d'une rupture à l'amiable, ce qui évidemment facilitera les choses. Quoi qu'il en soit, si vous devez négocier votre départ, tâchez de mener les opérations dans le calme. Tout d'abord, vous devez assurer à votre supérieur que ce premier rendez-vous de négociation restera confidentiel. Vous ne devez en aucune manière raconter à vos collègues la manière dont vous avez été reçu, ce qu'il s'est dit durant vos échanges et la somme que vous avez finalement obtenue. Vos collaborateurs vous questionneront peut-être, voudront vous donner des conseils sur un prochain rendez-vous, s'il y en a, vous parleront chiffres, etc. N'écoutez personne. Bien entendu, mais doit-on le rappeler, vous n'userez jamais de chantage *(« si vous ne me versez pas la somme désirée, je raconterais vos petits secrets »)*, une attitude déplorable. Faites attention à ne laisser aucune trace de ces discussions dans votre ordinateur et utilisez votre e-mail personnel pour dialoguer avec le DRH. Quittez l'entreprise l'âme en paix avec cette certitude que vous avez agi au mieux.

CHAMPAGNE !

Si votre départ s'est bien passé, s'il n'existe aucune acrimonie entre vous et vos collègues ou vos supérieurs, il y a de fortes chances qu'un verre soit organisé en votre honneur. Prenez ce rendez-vous comme il est : un moyen sympathique de se dire adieu. Et, même si vous avez horreur de ça, faites mine d'en être touché. En revanche, si votre licenciement s'est mal passé, si vous en voulez par exemple à votre directeur ou à votre DRH mais regrettez un grand nombre de vos collaborateurs, organisez vous-même une petite fête hors de l'entreprise. Faites savoir discrètement à ceux que vous désirez retrouver le lieu et l'horaire de ce petit pot entre amis en envoyant un message via votre e-mail personnel. N'oubliez pas ceux que vous avez croisés pendant des années mais avec qui vous ne travailliez pas directement, l'hôtesse d'accueil ou l'assistant, si vous avez toujours entretenu des relations amicales avec eux. Ne réservez pas dans un café ou un restaurant proche de votre ancien bureau (imaginez que votre patron entre dans l'endroit au même moment !) Accueillez vos amis chaleureusement, ne prenez pas un air contrit ni désespéré, vous êtes tous là pour célébrer la fin d'une période professionnelle et le début d'une autre vie.

QUE DE BONS SOUVENIRS !

Que ce soit à ce pot de départ ou ailleurs, que vous soyez heureux ou malheureux de quitter l'entreprise, n'oubliez jamais de remercier ceux avec qui vous avez passé de longues heures au bureau et avec qui les relations ont toujours été chaleureuses. Soyez élégant et dites à chacun un mot personnalisé et pas seulement un « merci » lancé à la cantonade. Cela peut-être un message tendre, drôle, nostalgique mais tout le monde devrait être concerné par votre discours. La veille, faites la liste de ceux à qui vous voulez rendre hommage et commencez à écrire deux, trois anecdotes les concernant. Vous serez à même le lendemain de leur exprimer simplement mais affectueusement votre reconnaissance. Pour ceux qui se sont mal comportés, faites comme s'ils n'étaient pas là ! Soyez assez courtois pour rendre visite à votre supérieur avant de partir et le remercier de ces quelques années passées ensemble. Et cela, même si votre négociation de départ ne s'est pas déroulée exactement comme vous l'espériez. N'ayez crainte vous ne le rencontrerez peut-être plus jamais mais il gardera, grâce à cette courte visite, un souvenir de vous plus positif que prévu. D'ici à ce qu'il regrette votre départ…

CADEAU D'ADIEU

Si c'est à vous que les collaborateurs font un cadeau d'adieu, attendez-vous au pire comme au meilleur ! Ces présents sont en général une surprise et personne ne vous a demandé au préalable s'il vous fera plaisir ! Que ce soit une canne à pêche (vous qui n'êtes jamais allé au bord d'un lac) ou un sac à main jeune fluo (vous qui ne portez que du noir), faites mine d'être ô combien heureux ! Et remerciez chaleureusement vos collaborateurs. Vous connaissez l'adage *« c'est l'intention qui compte »* ! Si, en revanche, vous êtes le responsable d'un cadeau commun pour Michel qui part à la retraite ou vers d'autres horizons, faites un effort. Trouvez la bonne idée et faites-vous pour cela aider par son collègue le plus proche. Mieux, demandez à ce dernier d'appeler son épouse afin qu'elle lui donne deux, trois idées. Chacun devra participer au cadeau en question et n'hésitez pas à relancer ceux qui ont oublié de verser leur part dans le pot commun. Il est toujours plus facile de réclamer de l'argent pour le présent d'un autre. S'il reste de l'argent dans la cagnotte, profitez-en pour offrir un beau bouquet pour l'une et un bon bordeaux pour l'autre. Et commandez quelques bouteilles de champagne pour lever votre coupe tous ensemble en l'honneur de celui qui quitte l'entreprise.

TOUT EST BIEN QUI FINIT BIEN

Vous voici hors les murs de l'entreprise. Vous y avez passé quelques années et les derniers moments ont peut-être été difficiles. Nous ne voulons pas le savoir ! Il est hors de question de discréditer la société que vous venez de quitter auprès non seulement de vos proches mais aussi, et surtout, auprès d'un recruteur. Lorsque vous passerez des entretiens d'embauche, il serait plus que maladroit de raconter des horreurs sur votre ancien supérieur et sur sa façon de manager ses équipes. Et, si l'on vous pose des questions sur la raison qui vous a fait quitter votre précédent poste, restez vague ou mettez en avant votre envie de changer d'univers. On ne sait jamais ce qui peut arriver, le monde est petit et vous serez peut-être amené à travailler avec votre ex-patron. De plus, tenir des propos désagréables sur la société qui vous a fait travailler auparavant renverrait une bien triste image de vous et ne donnerait aucune envie de vous engager ailleurs. Vous passeriez plutôt pour un aigri rancunier, un faiseur d'histoire, tout ce que détestent les employeurs, car, qui sait, vous pourriez en dire tout autant quand vous quitterez cette nouvelle entreprise. Soyez correct, mieux, irréprochable, et vous aurez toutes les chances d'être embauché !

ET APRÈS...

La retraite n'est peut-être pas pour tout de suite mais si vous y réfléchissiez en amont ? Ne plus travailler du jour au lendemain peut être un bonheur immense (plus d'horaires, plus de rendez-vous, plus de réunions ni de collègues fatigants), mais aussi une cause de dépression (plus de journées à 100 à l'heure, plus de statut social, plus de but concret). Dans tous les cas, vous ne voulez sûrement pas faire partie de ces seniors à la mine fâchée qui semblent s'ennuyer à mourir. Prenez les choses en main, soyez curieux, renseignez-vous sur des activités qui pourraient vous amuser, pensez au bénévolat, à tout ce temps que vous pouvez consacrer aux autres. Au bureau, avant le jour fatidique, ne parlez pas que de ça ! Les plus jeunes de vos collaborateurs vous regarderont comme un vieux barbon, celui que finalement on ne regrettera pas. Mais si, au contraire, vous les questionniez sur leurs passe-temps, si vous vous intéressiez grâce à leurs conseils aux nouvelles technologies, ils garderont une image de vous bien plus joyeuse. Oubliez un instant le mot « retraite » pour le changer en « nouvelle vie » ! Car oui, de belles années vous sont offertes, soyez à l'affût des opportunités, cherchez à donner un sens à votre vie à venir.

SOMMAIRE

1. Le premier jour...

2. Moi et mon bureau

3. Le respect de la collectivité

4. Télétravailler

5. Le bureau a-t-il des limites ?

6. Tous ensemble

7. Bye bye

DÉJÀ PARUS

Les 100 Choses à avoir faites au moins une fois dans sa vie à Paris
(*Figaroscope*, 2013)

100 pièges à éviter pour écrire et parler un excellent français
(*Le Figaro littéraire*, 2014)

100 choses à avoir faites au moins une fois dans sa vie à Paris avec ses enfants
(*Figaroscope*, 2014)

100 bonnes & mauvaises manières à connaître dans la vie
Le guide du bien élevé
(*Le Figaro*, 2015)

Les 100 Citations et Locutions pour ne pas perdre son latin
(*Le Figaro littéraire*, 2015)

100 expressions héritées de l'Histoire
(*Le Figaro littéraire*, 2015)

100 expressions favorites de nos grands-mères
(*Le Figaro littéraire*, 2016)

100 anglicismes à ne plus jamais utiliser !
(*Le Figaro littéraire*, 2016)

100 bonnes & mauvaises manières à connaître
Le guide du bien élevé en vacances
(*Le Figaro*, 2016)

100 lieux du patrimoine français à avoir vu au moins une fois dans sa vie
(*Le Figaro*, 2016)

100 pour cent chic - Le guide de l'élégance au masculin
(*Le Figaro Magazine*, 2016)

Aux origines des 100 superstitions qui hantent ou réjouissent notre quotidien
(*Le Figaro*, 2017)

Le Tour de France des 100 péchés mignons
(*Le Figaro*, 2017)

100 lieux pour se ressourcer en France
(*Le Figaro Magazine*, 2017)

100 lieux qui ont fait la France
(*Le Figaro Magazine*, 2017)

100 expressions savoureuses à partager entre petits et grands
(*Le Figaro*, 2017)

100 châteaux qu'il faut connaître à Bordeaux
(*Le Figaro Vin*, 2018)

Les 100 Inventions qui font la fierté de la France
(*Le Figaro Magazine*, 2018)

Les 100 Expressions à éviter au bureau et ailleurs
(*Le Figaro*, 2018)

Les 100 Romans français (qu'il faut avoir lus)
(*Le Figaro littéraire*, 2018)

Les 100 Poèmes (qu'il faut absolument connaître)
(*Le Figaro littéraire*, 2019)

Les 100 Répliques cultes du cinéma français
(*Le Figaro*, 2019)

Les 100 Plus Belles Lettres de la langue française
(*Le Figaro littéraire*, 2020)

Les 100 Citations de philosophie les plus précieuses
(*Le Figaro littéraire*, 2020)

Les 100 Dates vraiment clés de l'histoire de France
(*Le Figaro histoire*, 2020)

Les 100 Héroïnes de la littérature
(*Le Figaro littéraire*, 2021)

Les 100 Plantes qui soignent
(*Le Figaro*, 2021)

Les 100 Personnages cultes de la BD
(*Le Figaro*, 2021)

Les 100 Héroïnes de l'art
(*Madame Figaro*, 2021)

Les 100 Expressions inspirées de l'art
(*Le Figaro littéraire*, 2021)

Les 100 Héros de la littérature
(*Le Figaro littéraire*, 2022)

Pour en finir avec les 100 fautes de français qui nous agacent
(*Le Figaro littéraire*, 2022)

Les 100 Règles du savoir-vivre
(*Le Figaro*, 2022)

100 mots & expressions employés à mauvais escient
(*Le Figaro littéraire*, 2022)

100 mots à connaître (d'urgence) pour rehausser un discours (ou une conversation)
(*Le Figaro littéraire*, 2022)

L'AUTEUR

Laurence Caracalla est à la fois écrivain et journaliste. Passionnée de littérature, elle collabore régulièrement au *Figaro littéraire* et au *Figaro Magazine*. Elle est, par ailleurs, l'auteur de quelques ouvrages à succès dans cette même collection des *100* parmi lesquels *100 bonnes & mauvaises manières à connaître dans la vie. Le guide du bien élevé*, *100 expressions favorites de nos grands-mères*, *Les 100 Romans français (qu'il faut avoir lus)*, *Les 100 Poèmes (qu'il faut absolument connaître)*, *Les 100 Répliques cultes du cinéma français, Les 100 Héroïnes de la littérature, Les 100 Héros de la littérature* et *Les 100 Règles du savoir-vivre.*

Les illustrations sont l'œuvre de Juliette Bechu, ancienne élève des Beaux-Arts, d'une école de design et arts appliqués. Illustratrice de métier, Juliette Bechu, dans un style qui lui est propre, a laissé libre cours à son imagination pour apporter humour et réalisme aux textes de Laurence Caracalla.

Société du Figaro. Siège social, 14, boulevard Haussmann, 75009 Paris.
Président : Charles Edelstenne.
Directeur général, directeur de la publication : Marc Feuillée.
Directeur général adjoint : Jean-Luc Breysse.
Directeur des rédactions : Alexis Brézet.
Auteur : Laurence Caracalla.

Éditeur : Robert Mergui.
Maquette : Sophie Trotin et Sarah Zanet.
Couverture : Philippe Gruson.
Création : Sarah Zanet.
Illustrations : Juliette Bechu.
Correction : Hélène Froni.
Responsable de la diffusion : Sophie Miton.
Chargée de communication : Marie Berthaud.
Directrice de la production : Corinne Videau.
Directrice de la fabrication : Emmanuelle Dauer.

Crédit photo : Adobe Stock.

FR
LE TRI
+ FACILE

ISBN : 978-2-8105-1010-8

Achevé d'imprimer en avril 2023 sur les presses de l'imprimerie Pollina, France.
Imprimé sur papier Selena 100 g produit par Burgo.